Schriften zur Kunst I

Fröhliche Wissenschaft 139

Hélène Cixous

Schriften zur Kunst I

Aus dem Französischen von
Esther von der Osten

Herausgegeben von
Sebastian Hackenschmidt

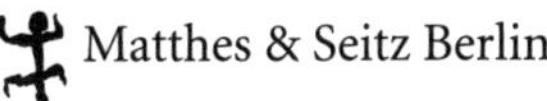

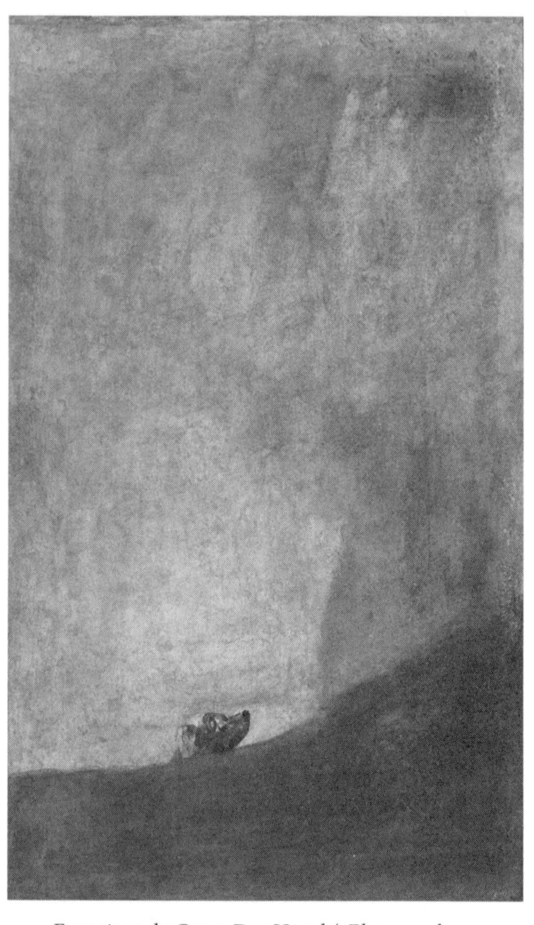

Francisco de Goya: Der Hund (»El perro« bzw. »Perro semihundido«), Gemälde, ca. 1820/23. Museo del Prado, Madrid

Peintüren
Vorwort von Hélène Cixous[1]

Es gibt keine Kunst,
die nicht ein sublimierter Akt
des Widerstandes wäre.

Das Individuum, das ich bin, antwortet auf die Malerei, es ist im Antwortzustand. Ich male nicht, doch in dem Moment, wo ich sage, »ich male nicht«, sage ich zwar etwas Wahres, allerdings könnte ich es auch verschieben und sagen: Ich male – *je peins* – eben auf andere Weise. In dem Moment, wo ich das sage, kann ich nicht umhin, ich fange bereits an, auf andere Weise zu malen, mir zu sagen, dass mich der Signifikant »*peint*«, »*peine*«, »*pain*«, »*paint*« mitreißen wird, dass ich also »*peins*« und »*peine*«, malen und Mühsal, ja, Pein miteinander in Verbindung bringen werde. Vom Hörensagen weiß ich, dass es *Mühsal* und *Pein* bereitet, Kunst zu schaffen, insbesondere in der Malerei, *en peinture*. Wir haben zahlreiche Zeugnisse von Mühsal und Pein der Maler. Von ihrer Weise, sich zu plagen, sich mit Mühsal und mit Malerei zu plagen. Es gibt äußerst berühmte Beispiele, der Maler mit der berühmtesten Pein war wahrscheinlich van Gogh … Aber ich denke, diese Art von Kämpfen, von Schrecknissen, die zur Peintür werden, sind ein Zug der Malerei. Ich trete einen kleinen Schritt von dieser Tür weg: Es gibt Maler, die die Pein nicht plagt, es gibt Maler mit einem fröhlichen Genie, zum Beispiel Picasso. Die meisten Maler aber sind Suchende, Forscher, die große Brüche in der Geschichte der Malerei bewirken. Auf eine gewisse Weise beneide ich sie, weil ich mir sage, dass es in der Literatur, der Nachbarkunst weniger deutlich zu merken ist, wenn man zum Bruch getrieben wird; es gibt eine Art allgemeinen Widerstand, die Geste des Bruchs in der Literatur wahrzunehmen. Das liegt an den institutionellen Strukturen, an den Rezeptionsstrukturen in Gestalt des Lesepublikums, der Kritiker usw.

Wo ich all dies sage, wird mir deutlich, dass die Werke, die mich rufen, denen ich antworte, diejenigen, deren Ruf ich *vernehme*, oft Gemälde sind, ein oder zwei Gemälde, die einzeln aus dem malerischen Gesamtschaffen dieses oder jenes Autors hervorgetreten sind. (Ich vertausche hier absichtlich die Semantik der Malkunst und der Schreibkunst.) Ich kann nicht sagen, dass Rembrandt und Hantaï derselben Malerei entstammen, und doch gibt es da etwas Gemeinsames. Und dieses Gemeinsame oder diese recht schwer zu definierenden Gemeinsamkeiten, die ich zu fassen versuche, stehen genau im Bezug zur »tanzenden Dissidenz«, zur *Dissidance* – mit diesem Wort habe ich den Text betitelt, den ich zum Werk von Nancy Spero geschrieben habe, der großen, rebellischen Künstlerin aus New York.[2] Zufällig sind es allesamt dissidente Akte, die sich als gewaltsame Operationen erweisen. Wenn ich *Operationen* sage, zitiere ich: *opération* ist das im Französischen gängige, vertraute Wort, das Derrida in *Schleier und Segel* erneut eingeschrieben und unterstrichen hat, um dessen Gewaltsaft auszudrücken, indem er in Erinnerung rief, dass die Ursache des Textes, dessen Autorin ich war und der »*Savoir*« heißt, eine *Operation* war.[3] Und wie er es immer tut und immer signiert, lässt er natürlich alle Register, alle Anwendungen und Quellen des Wortes »*opération*« im Französischen spielen. Ein Wort, das beim Übergang in eine Übersetzungssprache nicht mehr so funktioniert. Zwar kommt dieses lateinische Wort in allen Sprachen vor, doch man verwendet das Wort »*operation*« im Englischen nicht, um von einem chirurgischen Eingriff zu sprechen, sondern bedient sich dazu des chirurgischen Wortschatzes: *surgery*. Das lenkt unsere Aufmerksamkeit auf das, was die »*opération*«

enthält, nämlich das lateinische *opus*, das Tun, das Hervorbringen des *opus* (in der Musik ist das Wort *opus* noch bewahrt: *Opus* soundso, das heißt *Werk* soundso); aber zugleich geht es mit der Operation einher, die eine Weise der Bewerkstelligung ist, jedoch auch – ich bleibe auf dem Gebiet des französischen Idioms – eine Militäroperation, also ein Manöver sein kann. Da sieht man das Gewaltpotenzial hervortreten, das dieses Wort enthält. Als *opération de détournement* kann es auch eine Entführung sein. Das französische Wort verbindet das Werkschaffen heimlich mit einer Form von Gewalt, aber einer Form von Gewalt, die nicht zwangsläufig Zerstörung zum Ziel hat: eine Gewalt, die zugleich produktiv oder heilsam sein könnte. Eine chirurgische Operation soll retten, verbessern oder den Schaden begrenzen, aber man begrenzt den Schaden durch eine Beschädigung. Diese Ambivalenz also, diese Beschädigung, um zu *ent*schädigen, diese Dekonstruktion des Schadens ist dabei, sich zu vollziehen.

Nie erörtere ich vor einem Bild: Vor einem Bild reagiere ich. Entweder vernehme ich nichts – ich verwende absichtlich das Wort vernehmen, hören –, ich bleibe gefühllos, leidenschaftslos, ich bin unpassioniert; oder ich bin im Gegenteil zutiefst *bewegt*, in Mitleidenschaft gezogen und weiß natürlich überhaupt nicht, warum. Da beginnt dann mein Denken zur Schrift hin zu wandern. Vor diesem oder jenem Bild, das mich berührt, bemerke ich die Emotion, je *re-marque*. Und ich lege sie zur Seite, weil ich auf der Seite des Genießens bin ... Dieses Bild hat mich bewegt und leuchtet in meiner Finsternis weiter, und erst viel später kann ich manchmal, auf eine Einladung oder eine Bitte hin oder auch wenn ich am Schreiben bin, den analytischen Prozess in Gang setzen. Ich beginne, es zu befragen und mich zu fragen: Woraus ist diese Emotion gemacht? Woher kommt sie? Wohin geht sie? Was sagt sie mir? Ich bin keine »Liebhaberin« von Malerei, und im Übrigen auch von keiner anderen Kunst. Ich bin eine Person, die zu Begegnungen mit lebenswichtigen, einschneidenden Erfahrungen bereit ist, Erfahrungen, die vom Anderen kommen und die sich selbstverständlich auf »mich« beziehen. Auf »mich«, auf mich, die ich nicht kenne, mein Unbewusstes, meine empfängliche Oberfläche. Was ohnehin das Eigentümliche der Kunst ist. Man empfängt ein Werk, ganz gleich welches, nur dann, wenn es in einer Sprache zu uns spricht, die zugleich die unsere und nicht die unsere ist. Ich bin es und zugleich bin ich es nicht. Dasselbe gilt für die Literatur, es ist ich-nicht-ich.

Ich denke hier an das, was ich einem Text anvertraut habe: »Es gibt im Leben meines Blicks zwei oder drei Gemälde auf der Welt, die mich leiten. Es gibt *Der geschlachtete Ochse*, Rembrandts rohestes Selbstporträt, es gibt den halb begrabenen oder ausgegrabenen *Hund*, Goyas Selbstporträt in Gelb. Es gibt *Écriture rose* – ›Rosa Schrift‹, das Selbstporträt von Simon Hantaï«[4] (und ich glaube, es war richtig, nicht »in meinem Leben« zu sagen, denn das ist eine optische Geschichte). Es sind Erfahrungen, die sich miteinander verbinden, sich setzen und schließlich ein Gesamtes bilden, und dieses Gesamte vollzieht etwas, es operiert, schreibt etwas ein. *Der geschlachtete Ochse, Hund, Écriture rose* … Was ist der vorherrschende Zug? Worum handelt es sich? Zunächst um die Transposition von mir in ein Tier, es handelt sich um Tierlichkeit. Oder vielmehr handelt es sich um das Tier, das ich also bin, wie Derrida sagen würde. Aber es geht um ein transfiguriertes Tier, um das Tier in der Malerei, und zugleich gibt es gar nichts Tierlicheres als jene Tiere in der Malerei. Nichts ist geschlachteter, vergrausamter, der Gewalt ausgelieferter als der geschlachtete Ochse oder der halb begrabene Hund. Ich habe nicht die Hofhündchen gewählt, selbst wenn sie mich vielleicht verführen würden. Aber es ist nun einmal so, dass ich sie nicht gewählt habe und nicht gewählt worden bin. Mich hätte angesichts von Pferden Bewunderung ergreifen können. Doch wenn ich denn in die Knie ginge, stelle ich fest, dann vor manchen Kruppen. Es ist wohl Géricault, der Pferdestücke in Umlauf bringt, aber unerhörte Stücke, gerade nicht *das* schöne Pferd, sondern etwas anderes: ein Stück, eine Scheibe davon, eine Synekdoche. Ich stelle fest, dass mich das Schaudern stets im Zusammenhang mit einer Szene packt, die mich malt, die mir malt und wieder malt, was wir sind. Das Äquivalent zur Pein, die in uns ist. Von diesem (Nicht)-Sichtpunkt aus ist *Der geschlachtete Ochse* für mich das Absolute (das habe ich in meinen Texten über Rembrandt geschrieben). Ich habe also Jahrzehnte gebraucht, ehe ich mich dazu entschloss, den *Geschlachteten Ochsen* zu betreten, mir zu sagen: Warum ist gerade dieser *Geschlachtete Ochse* für mich der König, der Kaiser, das Gemälde der Gemälde? Warum erscheint er mir in solcher Majestät, so machtvoll? Gewiss, das Genie des Malers, Rembrandts Genie, liegt zunächst in dem, was Genet beschreibt, nämlich darin, die herkömmliche Hierarchie zu dekonstruieren, das Geheimnis der Äquivalenz wahrnehmbar zu machen: Ein Mensch ist einen anderen wert. Jeder Mensch ist jeden Menschen *wert. Tout homme* vaut *tout homme.* Ein *vaut* ist ein *veau* wert, sprich, ein »*ist wert*« ist ein Kalb wert. Ein Kalb ist bereits einen Ochsen wert. Es gibt Bathsebas in seiner Galerie, großartige Frauen, es gibt Großbürger, und äquivalent dazu gibt es den geschlachteten Ochsen, der also der Mann selbst oder die Frau selbst ist. Und an dem Tag, an dem ich mich hingesetzt habe, um zu schreiben, an dem ich mich vor den *Geschlachteten Ochsen* gesetzt und mir gesagt habe: »Reden wir miteinander«, hatte ich einen echten Schock: Sicherlich – und das ist genau das Geheimnis eines Gemäldes –, Gott weiß, dass ich es angesehen hatte, dieses Gemälde, doch ich hatte noch nie seinen Text empfangen; seine Ausstrahlung, der Schlag war bei mir angekommen, nicht aber der Text. Als ich mich hingesetzt habe, um ihn zu *lesen*, den Ochsen, wie ein Buch, sah ich mit einem Mal die Treppe, die ich nie gesehen hatte. Der *Geschlachtete Ochse* ist zugleich eine Art riesige Brusthöhle, die sich über eine Treppe aus Gold und Purpur erkunden lässt. Es ist eine Treppe, die ins Geheimnis des Lebens und des Todes führt. Mehr als einmal bin ich sie in meinen Malerei-Texten hinabgegangen: Ich sah, dass dieser Ochse im Grunde eine Art Königszelt ist, mit Rippen im Innern, die eine Stufenflucht bilden … Es gibt viele andere geschlachtete Ochsen, die von diesem rembrandtschen Ochsen abstammen und ebenfalls sehr anschaulich sind, aber der ursprüngliche, der leitende, das Leittier ist dieser hier. Es geht zugleich ein unglaublicher Schmerz von ihm aus (ich kann ihn hier nur sehr kurz anreißen), doch dieser Schmerz nimmt Gestalt an. Anders gesagt, es ist eine Tragödie – die Tragödie des *tragos*, das heißt des Bocks, der auch dazu bestimmt ist, geschlachtet zu werden – es ist *die* Tragödie.

Wenn man Goyas *Hund* entdeckt (erst sehr spät entdeckte ich, mit zwanzig oder dreißig Jahren Verspätung, meinen eigenen halb begrabenen Hund), könnte man sich sagen, es ist die Umkehrung vom geschlachteten *und* enthaupteten Ochsen: Vom Hund sieht man nur *den Kopf* und nicht den Körper. Man sieht den Kopf des Ochsen nicht, weil er keinen mehr hat, und man sieht nur den Kopf des Hundes, weil der Körper verschluckt ist. Für mich vervollständigt sich das, es verbindet sich. Ich könnte dem Ochsen vorschlagen, den Hund als Kopf zu nehmen und dem Hund, den geschlachteten Ochsen als Körper zu nehmen … Aber es ist dasselbe Wesen, es ist dieselbe Folterqual, es ist dieselbe absolut geniale Bewegung dieser sehr unterschiedlichen Maler, die nicht aus derselben Epoche sind, die nicht dieselben historischen Erfahrungen, sehr wohl aber dieselben geistigen Erfahrungen haben, Rembrandt und Goya, Meister und sehr große Künstler der Grausamkeit in all ihren Gestalten. Die Grausamkeit, die bei Rembrandt seit der *Anatomie des Dr. Tulp* eingerahmt ist, die durch Rembrandts Welt kontextualisierte Grausamkeit, ein gewisses Holland – allerdings mit dem Skalpell gemalt, die Pinsel sind Skalpelle – und dann die sagenhafte Grausamkeit, deren Zeuge Goya ist, die Grausamkeit der Kriege, der Massaker … Sonderbarerweise ist das Bild von Goya, das mich am meisten erschüttert, keines, das vor Blut trieft, im Gegenteil: Auf der Leinwand vollzieht sich, *operiert* das *Zudecken*. Da ich es erst sehr spät im Prado gesehen habe, hatte ich einen Schock, gerade weil die Schönheit dieses Gemäldes derjenigen des *Geschlachteten Ochsen* ganz entgegengesetzt ist. Es scheint tatsächlich von unglaublicher Einfachheit: eine Decke aus einem gewissen reglosen Gelb im oberen Teil des Bildes, eine andere gelbe Decke im unteren Teil, alles ist dreckig, safranfarben, und dann ist da dieser Kopf, über dessen Bestimmung niemand entscheiden kann. Wir werden die Geschichte dieses Hundes nie erfahren, aber wir können sie uns endlos erzählen. Der genaue Titel des Bildes ist »Der halb begrabene Hund« (*El perro semihundido*). Man weiß nicht, was diese Halb-Begrabung ist. Ist man dabei, ihn ganz und gar zu begraben? Wird er beerdigt oder ausgegraben? Ist dieser Hund dabei, sich aus dem Staub zu machen, gerettet zu werden? Das Gemälde ist eine Frage. Es ist das Halb-Gemälde, Gemälde des Halben, das Gemälde, das uns nachdenken lässt über das Vergraben, über das

Halbe, über das Schon und das Noch usw. Aber der Anblick, die Vision, ist so machtvoll, dass sie ein realistisches Denken vollkommen zunichtemacht, glaube ich, dass sie es verdrängt oder in die Ferne rückt. Ein Denken also, das sich fragen würde, unter welchen Bedingungen, in welcher Erzählung es ein Stück, ein Drittel von einem Hund geben könnte. Was wäre das für ein Abenteuer? Ein solches Fragen wird hier vor der Macht des Denkens, das sich aufdrängt, zur Nebensache. Ich könnte Ihnen Millionen von Hundegeschichten erzählen (inbegriffen die der Hunde, die in manchen Erzählungen von Clarice Lispector begraben sind), in denen die Hundheit oder *perritude* ebenfalls mit den Themen von Leben und Tod verbunden ist. Denn was das Tier-das-wir-sind einführt oder zu uns zurückbringt, ist das Los, das wir dem Tier vorbehalten, als wäre es nicht wir, und das Los, das wir dem Tier vorbehalten, ist der Tod, ein gewaltsamer Tod. Dieser Hund war so sehr Der Hund, dass ich nur noch ihn sah. Ich vergaß darüber Meinen Hund, den ersten und den letzten der Hunde, Fips, die Hauptperson der *Rêveries de la femme sauvage* (»Träumereien der Wilden Frau«)[5], mein Bruder und mein Sohn, der Heilige und der Ermordete des Gartens von Algier.

Und die *Rosa Schrift*? Ist das ein Tier? Vielleicht. Ja, der Ochse ist rot, der Hund ist gelb, und die Schrift ist rosa. Aber das ist natürlich nicht alles. Die rosa Schrift ist eine sonderbare Operation, eine ganz und gar außerordentliche Erfahrung von Exhumierung-Beerdigung : Hantaï hat ein Jahr seines Lebens, ein sehr liturgisches, sehr heiliges Jahr im Übrigen, damit verbracht zu exhumieren-beerdigen, denn die beiden Gesten rufen einander. Was wird beerdigt-exhumiert? Organe vielleicht. Die religiösen Organe. Die *Innereien, les viscères*. Die Innereien wären das katholische Herz und das jüdische Herz, ein Kreuz und ein Stern, die quasi unsichtbar sind, weil sie ein Jahr lang so oft beerdigt-exhumiert und mit aufeinander folgenden Schichten dessen bedeckt worden sind, was keine Dicke und kein Volumen hat, sprich, Schriften. Also palimpsestartig beerdigt-exhumiert, durch ein Jahr von mit verschiedenen Tinten geschriebenen Texten. Es wäre so etwas wie die ultimative Metapher dessen, was sich zwischen dem Ochsen und der Nachfolge abspielt, was in der Folge kommt, im Leben und im Tod eines Ochsen, das sterbliche Leben eines Ochsen oder eines Hundes (das ist austauschbar, es sind Substitute), bis zu ihrer Vertextlichung. Zugleich also schreibt der Ochse, man schreibt den Ochsen, man schreibt seinen Schmerz, sein Martyrium, und dann würde in der grausamen Sublimierung, die daraus folgt, eine Art Entmaterialisierung geschehen, die allerdings sehr konkret bleibt, bis der Ochse schließlich zu Schrift wird. Übrig bleiben die Überbleibsel, die Ochsenreste, die Ochsenfarbe, der Ochsen-Schmerz.

Ich sage nicht, Hantaï habe das gedacht; hier genau wird meine Blickgeschichte aktiv, sie operiert, sie vollzieht die Operation, denn es gibt keine Lektüre von Kunst ohne diese Operation, ohne dass es einen Leser-Künstler gibt, der diese Entzifferung vornähme. Diese Gemälde *in progress* werden am Ende einer Art Ruhe preisgegeben: Der Künstler hört zu einem gewissen Moment auf, das Werk zu be*werk*stelligen und zu *operieren* und liefert es, wie einen geschlachteten Ochsen, dem nachfolgenden Blick aus, dem des Zuschauers oder des Lesers. Es gibt einen Moment, in dem die Aktivität, die um diese Exhumierungen-Beerdigungen herrscht, auf der Seite des Produzenten aufgehoben wird, um dem Konsumenten-Leser anvertraut oder ausgeliefert zu werden. Dieser Moment interessiert mich sehr, aber ich habe nicht viel dazu zu sagen, weil ich denke, dass die produzierenden Künstler, Rembrandt, Goya, Hantaï, wohl einen schmerzhaften Moment der Trennung empfinden müssen … Ich erinnere mich an einen Künstler, der seine Arbeit nicht loslassen konnte und dem es bisweilen geschah, dass er zu seinem Bild, obwohl es bereits in einem Museum war, zurückkehrte, um noch einen Klecks Farbe hinzuzufügen. Es war ein großer Maler, ich erinnere mich nicht mehr, wer, denn er ist mehr als einer; ich frage mich, ob es nicht Bonnard war. In diesem Fall sagt Ihnen das Museum oder die Galerie: »Aber nein, es ist signiert, zugewiesen, losgelöst, es gehört Ihnen nicht mehr.« Die Maler machen diese Erfahrung, und sie leiden unter der Trennung. Die Schriftsteller können eine Art fleischliche Verbundenheit mit einem Text bewahren, selbst wenn er veröffentlicht ist. Die Maler aber spüren, dass man ihnen etwas aus dem Fleisch herausgerissen hat, etwas, das dann in der Welt des Geldes zirkuliert.

Eine letzte Bemerkung: Die Kunstgeschichte kenne ich nicht oder nur sehr wenig. Das ist eine große Lücke, aber vielleicht ist es eine fruchtbare Lücke. Ich bin auch keine Kunstkritikerin. Wenn ich mir Gemälde ansehe, dann sind es die geheimnisvolle Person in mir selbst, die ich bin, und die Person, die schreibt, die das Gemälde anschauen. Es kommt vor, dass ich mir sage, ich müsste mehr darüber wissen, weil ich selbstverständlich anders lesen würde, wenn ich mehr darüber wüsste. Meine Beziehungen zur Kunst sind kindliche Beziehungen, das Schreiben in mir möchte mit dem anderen Schreiben spielen und befragt diese gemalten Bücher oder hört ihnen zu. Doch auf eine Weise, das gestehe ich, die an einem gewissen Interesse ausgerichtet ist; ich frage sie nach dem Schreiben, ich sage zu ihnen: Worin bist du Schrift? Wie schreibst du? Und weiter: ich male, was mir oft gerade die Malerei sagt. Weil der Maler permanent im Pentimento ist, weil er jemand ist, der ständig berichtigt und bereut, jedes Werk ist eine famose Ansammlung von Pentimenti.[6] Der Maler, der Künstler hört nicht auf, wiederaufzunehmen, sich wiederaufzunehmen, zu berichtigen, zu verschieben … Das fasziniert mich: Der Künstler in der Schrift nimmt wieder auf und bereut, nur weniger oft, würde ich sagen, denn die Schrift hinterlegt – zumindest die meine und die der meisten Schriftsteller, die ich mag, ausgenommen Artaud –, die Schrift ist eine Akrobatin, die sich an Fäden fortbewegt. Es gibt Fäden, und selbst wenn diese Fäden vergraben sind, selbst wenn sie von Zeit zu Zeit unterbrochen werden, gibt es Faden. Malerei kann fadenlos sein. Und so bin ich schließlich in einem unablässigen Gespräch mit einer Kunst, deren Modalitäten andere sind als die des Schreibens, die aber aus denselben Quellen und denselben Qualen schöpft.

***

Hélène Cixous antwortet hier auf die Frage, welche Bezüge ihre Annäherung an Kunst und Literatur zwischen den weiblichen Figuren und dem

Sehen herstellt: von der Metonymie der dissidenten Frauen im Werk Nancy Speros zum proustschen jungen Mädchen, wie Nerval es liest, von den alten Frauen, die Aischylos' Erinnyen sind, und der Mutter-Tochter-Liebe von Demeter und Persephone in Partie *und* Illa[7] *zu Rembrandts* Jüdischer Braut.

Die Frage der Geschichte, der Reserve kultureller Spuren von Geschehnissen, die der Frau ein besonderes Los bescherten – das ist einer der Wege, Gänge, Galerien (in meinen Galerien), durch die ich gegangen bin und von Zeit zu Zeit gehe. »Junges Mädchen«, diese idiomatische Angabe könnte ich als Paradigma nehmen, »Frau junges Mädchen« trifft es eher als »alte Frau«, denn wenn man Frau sagt, müsste man die Frauen in jedem Genre, in jedem Geschlecht und jeder Gattung, und auch in jedem Alter sagen können, aber es ist selbstverständlich »Frau junges Mädchen«, sprich, eine bedrohte Figur, einer Gewaltsamkeit oder einer Vergewaltigung verheißen. Mit dieser Fragestellung kommen wir zu der ungeheuren Tradition aller kulturellen Erzeugnisse und all dessen, was der Geschichte der Zivilisationen angehört. In diese würde sich in unserem Zeitalter notwendigerweise eine Reflexion mit einem feministischen Akzent einschreiben: Denn man muss die Gewalt aufdecken, die in der Gesamtheit der Menschheit insbesondere dem vorbehalten ist, *was Frau ist.* Als ich vom Tier sprach, meinte ich das Allgemeine. Aber man kann assoziieren und sehr treffend Tier, Frau, Dichter, Jude, Deportierte als äquivalent miteinander in Bezug setzen.[8] Die Liste aller, die sich zur Seite gedrängt, halb eingegraben oder nicht ausgegraben finden, ist endlos, man kann eine Menge Minderheiten anführen, und neben den Minderheiten eine riesige Mehrheit, die Mehrheit Frau.

Kehren wir beispielsweise zu Rembrandt zurück, dessen Kraft jenseits der Instanzen der Verdrängung reicht und der also der Frau ein großartiges Los bereitet; der die Frau liebt. Man sieht, dass er sie liebt, weil es bei ihm nicht nur anmutige junge Mädchen gibt, es gibt auch etliche Arten von alten Frauen, was heißt, dass er nicht vom Appetit geleitet ist, von einem Beuteinstinkt oder einer klassischen phallokratischen Struktur, sondern von der verliebten Neugier für alle Formen des menschlichen Werdens. Ansonsten allerdings, und die Kunst zeugt davon, wohnt den meisten Werken, auch den literarischen, eine mythifizierende Projektion inne, und diese weist der Person Frau eine *Rolle* zu. Diese Rolle nun ist ganz klassisch (ausgenommen bei den großen Literaten, die sich darüber hinwegsetzen) das Altbekannte, das die Psychoanalyse verzeichnet hat, beispielsweise als sie sich mit der Hysterie beschäftigte. Man hysterisiert die Frauen, weil man ihnen den Mund mit Sand verstopfen, sie zum Schweigen bringen will, sie wie Hunde behandeln … Die Literatur und die Künste allgemein legen von diesem besonderen Los Zeugnis ab. Ich würde sagen, die Bewusstwerdung dieses Loses erreichte ihren Höhepunkt – denn wir leben in einem Zeitalter, in dem man fast ein wenig zurückblicken kann – am Ende des 19. Jahrhunderts und im 20. Jahrhundert, als historisch die Kämpfe der Frauen für die Frauen begannen. Ich spreche vom 20. Jahrhundert, weil wir in einer Zeit leben, wo man noch in Begriffen der »Frauenbewegung«[9] denkt, und das ist datiert: die 68er-Epoche, die Siebzigerjahre. Was sich »Frauenbewegung« nennt, kommt zu Beginn des 20. Jahrhunderts auf, steigt aus der Erde und dem Schweigen, aus dem Verschwiegenwerden heraus, als die Kämpfe der Frauen im Westen beginnen. Und das sind wahrhaftige Frauenkämpfe, samt den Kämpfen der Frauen bei der Arbeit. Denn die Arbeit gibt ihnen ein Bewusstsein von ihrer Nützlichkeit und zugleich von der Verachtung, mit der ihre Arbeit – die gleiche wie die der Männer – gestraft wird, da sind all diese Kämpfe der Frauen in der Arbeiterwelt. In der Parallelwelt, der bürgerlichen, kommt die übrigens sehr interessante Bewegung von Frauen auf, die anfangen, für die Stimme zu kämpfen, dafür, ihre Stimme zu geben, mitbestimmen zu dürfen, das Stimmrecht, das Wahlrecht zu haben. Das beginnt in England mit den »Suffragetten«, die man verächtlich so nannte, weil sie das *suffrage* forderten, das Recht, eine Scherbe, ein zerbrochenes Stück vorzulegen, um zu wählen. *Suffrage*, welch ein Wort! Welche Luft atmet daraus! Welche *Rage* …

In Frankreich ist der erste Roman das Porträt einer großen Frau von einer großen Frau gewesen. Und hätte man die Prinzessin von Cleve und Madame de Lafayette vergessen, so wird das *Oberhaupt* des französischen Staates, des unerschütterlich phallokratischen, es übernommen haben, daran zu erinnern, wie unersättlich der Phallogozentrismus von dem ohnmächtigen Wunsch aufgeblasen ist, heute wie zu Zeiten der Eumeniden des Aischylos, die Wunderwerke an Intelligenz der Frauen auszulöschen.

Unser Jahrhundert ist eines, in dem die Frage des Schweigens, des Verbots der Frauen in aufeinander folgenden Wellen und unterschiedlichen Formen mit Nachdruck durchbricht, selbst wenn es Vorgänger gibt und man bereits zuvor in Literatur und Kunst (mehr als in der Philosophie) seit Langem schon das Wesen Frau sieht und hört. Aber in der Literatur wird es, weit jenseits der politischen Geistesverschließung, immer einen Ort für strahlende Frauen geben. Manchmal auf eine bereits umwandelnde, dekonstruierende Weise, beispielsweise in einigen Texten von Stendhal … Im selben Moment findet man in der außerordentlichen Größe von Balzacs Werk zwar Frauen, deren Stärke – ihr Können, ihr Handlungswissen und ihr Handelnkönnen – anerkannt ist. Doch meistens sind die Frauen bei Balzac Opfer-Frauen, es sind fürstliche oder gestürzte Frauen, die Kräfte haben, aber in den Intrigen der Leidenschaft und den männlichen Spekulationen feststecken und deren Los im Voraus feststeht: Sie werden in jedem Fall, selbst oder obgleich geliebt, oder *weil* geliebt, nach dem Paradigma von *Eine Leidenschaft in der Wüste* oder *Das Chagrinleder* zum Tode verurteilt werden … Wie steht es um die »Frauen« bei Proust? Ein äußerst komplexes Thema. Prousts dissidente Sexualität ist am Werk, und aufgrund dieser dissidenten Sexualität haben die »weiblichen« Personen bei Proust eine außergewöhnliche Aura, aber als *Amphibien*. Albertine, Madame de Guermantes und alle anderen außer Maman und der wundervollen Großmutter sind Amphibien. Man weiß nicht wirklich, was für Frauen es sind, wenn sie überhaupt welche sind, Schurkinnen und Chimären, und außerdem sind es *angeschaute* Frauen. Insbesondere von diesem genialen Erzähler angeschaut. Man sieht, wie er von dieser Form des Sehtriebes, der Schaulust, die sich auf die Frau richtet und sie in ein Objekt verwandelt, nur in der Liebe absieht, die *nicht anschaut*, sondern die sublimen Gesichter seiner Mutter und seiner Großmutter betrachtet. Ansonsten sind die Frauen, diese Gilbertes oder Guermantes, angeschaut, phantasmatisch, faszinierend. Deren Abkunft findet man dann bei Marguerite Duras, wo es nur *angeschaute Frauen* gibt. Fixiert, aufgespießt auf Schmetterlingstabellen, als Objekte für den Betrachter.

In der Zeit der »Frauenbewegung« habe ich *Partie* geschrieben, ein sehr besonderes Buch, in dem ich mich damit vergnügt habe, verschiedene mythische oder mythologische Quellen zu verweben. Das eine war die zeitgenössische Mythologie, der mythifizierende, mythenschaffende, mytho-poietische Diskurs der Siebzigerjahre, halb psychoanalytisch, halb philosophisch, oft lacanianisch. Darin wird weiterhin beharrlich die Frage nach der weiblichen Sexualität, nach dem Begehren der Frauen, nach der Weiblichkeit gestellt, die aus der Sicht des Wächterblicks alle als unbekannt, als unerforschbar empfunden wurden. All diese Fragen, die meine Jugend gewiegt haben, sind mir stets als exhumierend-beerdigende Fragen erschienen, die zunächst von einer Neugier zeugen, von der Tatsache, dass sie natürlich von Männern gestellt werden, dass diese Männer angesprochen sind und dieses *Ding* wie ein seltsames Tier anschauen, über das sie dann übrigens *als* Männer Diskurse vorbringen, in denen sich wenige Frauen wiedererkennen ... All das also geht namentlich von freudschen Erklärungen aus, die lange, sehr lange Zeit die »modernen« Mentalitäten geprägt haben und die besagen, es gibt nur eine Libido, und die ist männlich. Damit wird also das Begehren oder vielmehr die Freude, die Möglichkeit der Frau, zu genießen, für zweitrangig erklärt, sie folgt sozusagen aus jener Einzigartigkeit, aus jenem Primat, und wird zugleich auf das Eine zurückgeführt, und dieses Eine ist männlich und phallisch. Da die Welt von dieser mythifikatorischen Hartnäckigkeit widerhallte, habe ich mich also damit vergnügt, *Partie* zu schreiben, dessen Titel sofort qua Homonymie sagt, dass da ein Unfassbares mit von der Partie ist: Sie ist *partie*, also fort, es ist eine Fortgegangene, es gibt die *partie*, es ist auch eine Partie Karten, es ist eine Partie und ein Teil, ein Teil der Geschlechtsteile usw. Sie können die Polysemie und die Homonymie bis ins Unendliche deklinieren. So lasse ich in diesem Text also zugleich die Echos dieser Theorien anklingen, die wie Raster oder Gitter angewendet wurden, wie Gefängnisgitter, und die Mythen von einst, die wir erben; selbst wenn man sie jetzt überhaupt nicht mehr kennt, sind diese griechisch-römischen und jüdischchristlichen Mythologien in allen Gedanken und politischen Positionen immerzu am Werk. Von diesen sehr aktiven jüdisch-griechisch-lateinischen Mythologien geht die immer gleiche Verteilung der Rollen aus, die den Frauen eine bestimmte Art von Schicksal zuweist, das stets an eine männliche Überlegenheit gebunden ist. Die Mythendichter der Antike wussten, was sie taten: Sie beschrieben die politisch-gesellschaftlichen Strukturen ihrer Kultur in Fabeln. Sie waren die ersten Analytiker. Im Übrigen hat die Psychoanalyse nie darauf verzichtet, auf den Mythos zurückzugreifen, um sich darauf zu stützen, sich zu veranschaulichen. Wenn Freud sich vortastet, dann gehen ihm Ödipus und Moses voraus. Was hätte er ohne diese Mythologien getan? Mythologien, die man präfreudianisch nennen kann: Es ist seit Jahrtausenden dieselbe Lektüre des sexuierten Universums, sie hat sich nicht verändert. Die wunderbare Kraft der antiken Mythen ist, dass sie dichten, was später im analytischen oder philosophischen Diskurs theoretisiert werden wird, zum Beispiel in dem Denken, das nach der Psychoanalyse und von dieser her kommt, das heißt in der Philosophie Derridas. Als ich *Partie* schrieb, habe ich das verwebt, weil ich merkte, dass es in der Genetik der Mythologien nur Symptome gibt und dass diese Symptome figurativ oder, wie ein freudianischer Lacanianer sagen würde, Metaphern sind. Ich bin kein Liebhaber von völlig abstrakter nicht-figurativer Malerei. Ich antworte vielmehr auf Figurales, selbst bei einer dekonstruierten Figur ist da für mich Figur. Es »braucht« Figur. Figur, die sich davonmacht, Figur, die sich defiguriert, sich prä-figuriert oder über-figuriert.

Nehmen wir die ergreifende und vollkommen verkannte, vergessene, vernachlässigte Geschichte von Demeter und Persephone: Das ist eine außerordentliche Geschichte. Demeter ist eine Göttin der Erde, der Fruchtbarkeit, deren Augenstern ihre geliebte Tochter Persephone ist, der ein Unheil zustößt, denn während sie in der Wonne der Jugend durch die Felder läuft, ist ihr Pech schon vorprogrammiert. Sie pflückt weiße Blumen, es sollen Narzissen sein, und dabei beugt sie sich in einer Art Achtlosigkeit vor. Ihre ferne Doppelgängerin könnte Rotkäppchen sein. Als Rotkäppchen vergisst sie die Vorsicht, die man den jungen Mädchen beibringt: »Achtung, geh nicht allein spazieren, denn der Wolf wird dich fressen.« Es sind mythische Figuren des Unbewussten, die als solche in den Träumen erscheinen. Plötzlich ist der Wolf da und frisst sie. Demeter ist die Mutter, deren Rat vergeblich war. In dem Moment kommt der Hungrige, kommt aus seiner Grotte und vernascht sie. Es ist Hades, der Gott der Unterwelt. Es ist das Los jeder Kore, des jungen Mädchens. Sie wird von Hades zugleich vergewaltigt und geheiratet. Vergewaltheiratet. Das zieht mythische und religiöse Folgen nach sich, weil Demeter aus Hades' Familie stammt. Es ist auch eine inzestuöse Geschichte. Die Mutter spricht dann beim Onkel vor, dem Bruder, dem Vergewaltiger, und handelt aus, dass er ihr von Zeit zu Zeit ihre Tochter leiht und sie zurück auf die Erde lässt. Daraus entstehen dann Riten, Feste der Rückkehr auf die Erde (wie bei meinem halbtoten Hund), des Rückrufs unter die Erde, die mit Figuren verbunden sind, Figuren der Blüte und der Frucht … Der Blick ist unterbrochen: Denn sie ist unsichtbar geworden, dann wird sie wieder sichtbar werden. Dieser Wechsel geht auch mit Vegetationsriten und -zyklen einher. All das kann man in den Texten jener wunderbaren Gräzisten wiederfinden, die angefangen haben, analytisch an den Mythen zu arbeiten, wie Jean-Pierre Vernant und seine Erben. Als ich klein war, las ich die Mythologie mit Leidenschaft, ohne zu merken, dass ich Analysen, dass ich unsere eigenen Geschichten las. Als ich *Partie* schrieb, habe ich in einen changierenden, mosaikhaften Text all diese Träumereien, all die Fantasien, all diese gewalttätigen Szenen eingewoben, in denen man jedes Mal zugleich die *Entführung* sieht, das *enlèvement* in allen Bedeutungen dieses Wortes, das Fortreißen, die

Entwurzelung der weiblichen Figur *und*, in der Folge, ihre gelegentliche Rückkehr. Diese Rückkehr ist mit etwas sehr Schönem verbunden, auf dem ich immer insistiere (aber damals tat ich es viel weniger bewusst als heute): nämlich mit der Komplizenschaft, der Verbundenheit, der Liebe zwischen Mutter und Tochter, mit der Liga Mutter-Tochter, die versucht, der Gewalt der Herrscher, der phallokratischen Chefs Widerstand zu leisten. Die Quellen dieser sehr politischen Szenen sind für mich immer die antiken Sagen gewesen, noch bevor ich deren zeitgenössische analytische, politische Botschaft unter die Lupe nahm. Im Mythos gibt es eine außergewöhnliche Freiheit, man kann das Unmögliche machen: Wenn man gestorben ist, kann man zurückkommen, man kann in die Hölle hinabsteigen usw. Als wäre dem Irreparablen stets eine phantasmatische Reparation von Gnaden der Dichtung zur Seite gegeben. Und das verdanken wir der ungläubigen Tradition der griechisch-römischen Religionen, denn diese glauben und glauben nicht … Es gibt Götter, Göttinnen, aber wir wissen ja, wie anthropomorph und wie deutlich sie Repräsentationen der Triebe sind … Es gibt viele Verbote, aber es gibt auch welche für die Götter und Göttinnen, alle zahlen, jeder verbringt seine Zeit mit Bezahlen. Was sehr beruhigend ist. Alle bezahlen, die Götter inbegriffen, die vermeintlich nicht zahlen, das heißt die Hauptgötter, die Vatergötter. Das ist letztlich sehr »moralisch«: völlig unmoralisch, aber von einer Unmoralität, die immerzu von einer Art ethischer Gegenleistung begleitet ist. Ich stelle mir vor, dass es den Griechen und Römern, als sie das lebten, ihrerzeit sehr geholfen hat, dass nichts stabil, nichts irreversibel war, weil es ja ein Zurück geben kann, selbst wenn es von sehr kurzer Dauer ist. Die Blinden sehen, Tiresias sieht umso mehr, als er blind ist – das ist für mich selbstverständlich von besonderer Bedeutung, das sehende Nicht-Sehen.

Hélène Cixous antwortet noch auf einen Publikumsbeitrag zur neuen Ausstellung im Centre Georges Pompidou, elles@centrepompidou, Künstlerinnen in den Sammlungen des Musée national d'art moderne 2009–2010.

Um die Präsenz von Frauen in der Kunstwelt steht es folgendermaßen: Wir sind noch bei der *affirmative action.* Es muss bewusst und gewollt Platz geschaffen werden, was ganz und gar skandalös ist, denn das ist »*das Mindeste*«. Nancy Spero, die ich mit einem Text gewürdigt habe, ist eine große Künstlerin, die jetzt wohl 83 Jahre alt ist,[10] die in den Fünfzigerjahren in der Blüte ihrer Kraft und Kunst war und sehr unter der

Marginalisierung der Frauen in New York gelitten hat. Sie ist Gründerin einer Gruppe von Künstlerinnen gewesen, die mit all ihrer Kraft gegen den Ausschluss protestierten, dem sie in den Galerien und Museen zum Opfer fielen, obwohl sie großartige Künstlerinnen waren. In einem Teil ihres Werks, den ich ausgesprochen mag, streckt sie den Künstlern, die damals herumstolzierten, die Zunge heraus; es konnten große männliche Künstler sein, die aber dem, was Frauen machen konnten, und dem Nicht-Platz, der ihnen vorbehalten war, keinerlei Bedeutung zumaßen. Die politische Frage stellt sich unablässig, denn die Geste etwa, den Frauen Platz zu schaffen, indem man sie als Frauen alle zusammentut, hat zugleich etwas Reduzierendes, weil man sie kategorisiert und darauf beschränkt, dass sie Frauen sind. »*Les hommes*«, das ist universell, die Frauen – das ist die Hälfte des Universellen. Keine Künstlerin hat Lust auf diese Teilung. Jede will, und das ist ganz normal, in ihrer Komplexität aufgenommen und gelesen werden: Frau mit Mann, Tier, Baum, nackt oder angezogen, und mehr als das … Das ist die Kunst, es ist die Durchquerung. Aber es ist nicht die Kunst, die die Welt steuert. Daraus ergeben sich auch Haltungen der Verleugnung. In den Siebzigerjahren hat mich die Tatsache sehr aufgebracht, dass einige Leute, Frauen, die ich im

Übrigen sehr mochte, den Übergang, das Durchziehen und Durchzogensein, die Einfärbung durch den anderen nicht akzeptieren konnten. Es gebe keine Geschlechterunterschiede, sagten sie, man sei neutral und damit sei es geregelt. Es ist viel einfacher, »zu regeln«, indem man neutralisiert. Wenn man dagegen nicht neutralisiert, dann ist man in Wahrheit und also in diesen Widersprüchen, die die »Wahrheit« transversal durchziehen: die Transwahrheit.

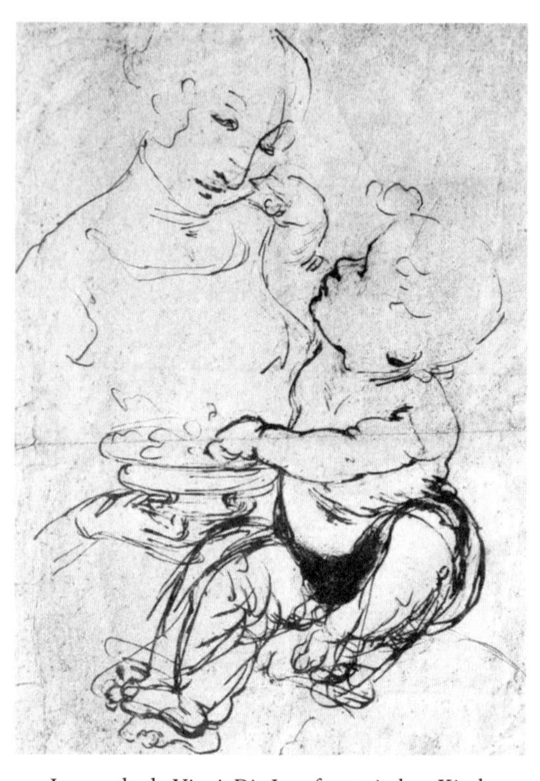

Leonardo da Vinci: Die Jungfrau mit dem Kind.
Zeichnung, vor 1500. Musée du Louvre, Paris

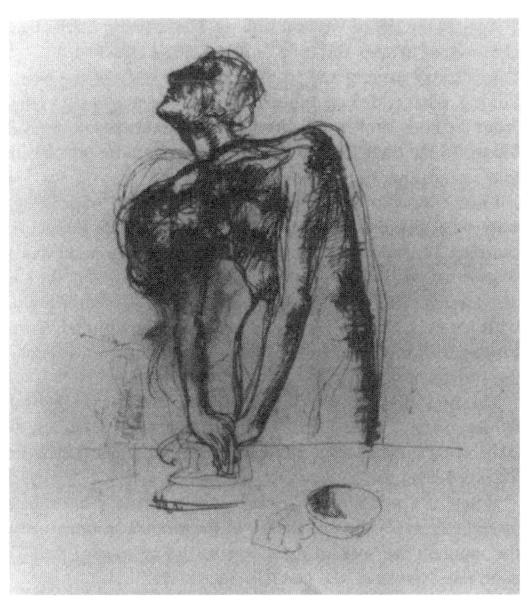

Pablo Picasso: Studie zu »Die Büglerin«
(»La Repasseuse«), Zeichnung, um 1904.
Musée Picasso, Paris. VG Bild-Kunst

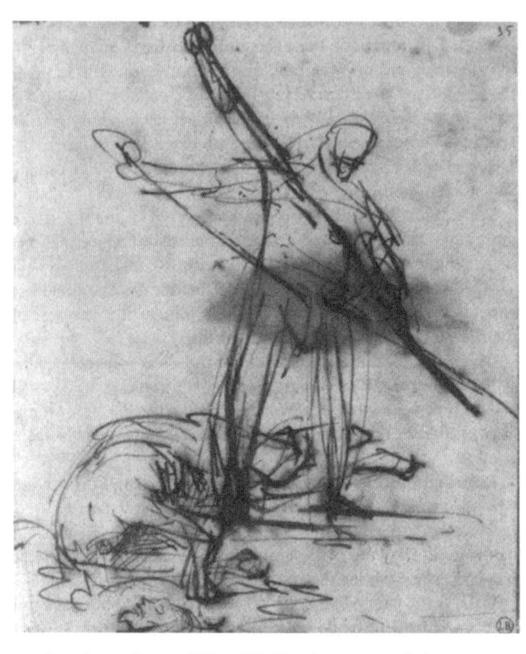

Rembrandt van Rijn: Die Enthauptung Johannes des Täufers. Zeichnung, um 1630. Musée du Louvre, Paris

Ohne Halt
nein
Zeichnungszustand: *État de dessination*
nein, eher:
Ohne Hals. Der Henker hebt ab

»Ich will das Vorher eines Buchs«, soeben habe ich diesen Satz geschrieben, doch vor diesem Satz habe ich Hunderte von Sätzen geschrieben, die ich soeben gestrichen habe, weil der Moment des entscheidenden Schnitts gekommen war. Nicht ich, die Notwendigkeit hat den Text abgeschnitten, den wir zu schreiben im Zuge waren. Der Text und ich, wir bleiben am Zug.

»Ich habe gelernt, nichts von dem, was ich schreibe, zu zerreißen«, sagt mir Clarice Lispector. Doch dann kommt die Stunde der Trennung. Die Stunde des Erscheinens.

Ich möchte so gern dieses unbekannte Nicht-Zerrissene. Alles was wir lesen: Rest. Bleibt über.

Ich will den Wald vor dem Buch, das Wuchern der Blätter vor den Seiten, ich liebe die Schöpfung genauso wie das Geschaffene, nein, mehr. Ich liebe den Kafka des Tagebuchs, das Henker-Opfer, ich liebe den Prozess tausendmal mehr als den *Prozess* (nein: hundertmal mehr). Ich will die Tornados im Atelier.

Und was ich am meisten liebe, das sind Dostojewskis Arbeitshefte, die wahnsinnige, tosende Schmiede, in der sich Liebe[11] und Hass umschlungen in Zuckungen wälzen, die jedes Kalkül und jede Hoffnung durchkreuzen: Niemand weiß, wen dieser besessene Bauch gebären wird, wer gewinnen, wer überleben wird.

Ich will die Welt der Triebe, vor dem Schicksal, ich will die namenlose pränatale Nacht. Ich will (die Ankunft) ankommen sehen.

Mich faszinieren die Geburtsakte, Macht und Ohnmacht vermischt. Das Am-Schreiben-sein oder Am-Zeichnen-sein. (Aber warum haben wir im Französischen das Gérondif verloren? Das wahre Tempus dieses Textes ist das Gérondif.)

Schreiben oder Malen hat kein Ende. Geborenwerden endet nicht.

Zeichnen ist ein Geborenwerden. Zeichnen wird geboren.

– Wann zeichnen wir?

– Als wir klein waren. Vor der gewaltsamen Scheidung zwischen Gut und Böse. Alles war damals vermischt, und keine Schuld. Nur Wunsch und Begehren, Suchen, Irrtum. Suche, das heißt Irrtum. Irrtum: Vorankommen.

Sobald wir zeichnen (sobald wir uns, der Feder folgend, ins Unbekannte vorwagen, mit klopfendem Herzen, verrückt vor Verlangen), sind wir klein, wir wissen nicht, wir machen uns begierig auf den Weg, wir gehen uns verlieren.

Zeichnen, schreiben, welche Expeditionen, welche Irrungen, und am Ende kein Ende, wir werden nicht enden, es ist die Zeit, die ein Ende setzen wird.

(N. B. Ich sage schreiben-oder-zeichnen, denn das sind oft Zwillingsabenteuer, die aufbrechen, im Finstern zu forschen, die nicht finden, nicht finden; und über dem Nicht-Verstehen und Nicht-Finden (zeichnen sie) lassen sie unter ihren Schritten das Geheimnis aufsprudeln.)

Ich schreibe dies in Begleitung von forschenden Zeichnungen, Suchzeichnungen.

Es ist tiefe Nacht. Ich spüre, dass ich schreiben werde. Du, die ich begleite, spürst, dass du zeichnen wirst. Deine Nacht wartet.

Die Figur, die sich ankündigt, die in Erscheinung treten wird, sieht der Dichter-von-Zeichnungen nicht. Das Modell ist nur dem Anschein nach draußen. In Wahrheit ist es unsichtbar, doch gegenwärtig, es lebt im Innern des Dichters-von-Zeichnungen. Wer mit der Feder betet, spürt es, hört es diktieren. Selbst wenn da draußen eine Landschaft ist, eine Person, nein, die Dichter-Zeichnung steigt aus dem Körperinneren ans Licht. Zunächst ist sie im Zustand des Aufruhrs in der Brust, unter dem Gürtel. Da stürzt sie nun in Zuckungen, in Wellen den Arm entlang, fährt durch die Hand, fährt durch die Feder. Die Augen hoffnungsweit aufgerissen in der Nacht folgt der Zeichner der Bewegung. Er gehorcht. Ekstase: Technik. Denn nicht zu sehen, hält die Feder nicht vom Aufzeichnen ab. Im Gegenteil.

Furchtsam schreibe ich mich voran, schreibe mir voraus, mit Nicht-Verstehen, die Nacht vibriert, ich sehe mit den Ohren, ich taste mich in der Brust der Welt voran, die Hände vorgestreckt, an ihren Flächen fängt sich die Musik, bis unter der Federspitze etwas atmet.
(Diese Zeilen habe ich eben wie üblich blinzelnd geschrieben, denn der Tag und sein grobes Licht behindern uns, zu sehen, was da keimt.)

Jetzt machen wir Licht und neigen uns vor, um das geborene Werk zu sehen. Und dann das Erstaunen vor dem, was durch uns hindurchging und gezeichnet worden ist, und wenn *ich* es bin, die dieses so unbekannte Kind gezeichnet hat, wer sind ich dann?

Die Zeichnung ist ohne Halt.

Ich meine die wahre Zeichnung, die lebendige, – denn es gibt tote, tot-gezeichnete. Schauen Sie und Sie werden sehen.

Kaum skizziert, – macht sich das Wahre (die

wahre Zeichnung) aus dem Staub. Durchbricht die Schranke. Schüttelt sich. Wie die Welt, die nur eine ewige Schaukel ist, so taumelt die Zeichnung und irrt in natürlicher Trunkenheit umher.

Alles, was existiert, ist naturgemäß trunken: das Schiff, die Pyramiden Ägyptens, die Kälte des Henkers, das Bügeleisen. Wer hat das gesagt? Wenn nicht Rembrandt oder Rimbaud, dann der eine oder andere Montaigne.

Und wenn man bedenkt, dass es welche gibt, die das Endliche suchen. Welche, die hübsch proper malen möchten, ganz eigentlich am allerpropersten!

Manche aber malen den Übergang. Die Wahrheit. Das Vorübereilen (der) Wahrheit. Das gibt ihrer Zeichnung diese hechelnde, unstete Gebärde.

Schauen Sie das Kind an, das kaum auf den Knien seiner Mutter sitzen bleibt: Einerseits sind die kleinen Arme in der Zeichnung, im Kreis, doch andererseits skizzieren die Beine das Entwischen. Diesen Kleinen hält es nicht an seinem Platz.

Die wahre Zeichnung, die lebendigflinke, Sie werden sie erkennen: Sie läuft noch. Schauen Sie die Beine an. Ich werde darauf zurückkommen.

Für den Augenblick folge ich dem Irrtum, furchtlos, doch mit Ehrfurcht. Wie sehr brauchen wir den Irrtum, der das Versprechen der Wahrheit ist, wie sehr können wir auf den Silberglanz des Irrtums nicht verzichten, der sie ankündigt, alle, die zu Feder reiten, verspüren darüber von Jahrhundert zu Jahrhundert stets das gleiche verwunderte Entzücken.

Felix culpa nennt Augustinus es, *portal of discovery*, sagt Joyce, *submissão au processo* sagt Clarice Lispector, denn der Schreibprozess ist aus Irrtümern gemacht … Und davor *einfältige und wesentliche Ergebenheit*, sagt unser umherirrender Großvater Montaigne; und wir sind alle einverstanden, wie soll man zeichnen, wenn nicht tastend in der Nacht »suchend und nicht wissend«.

Notwendiger Irrtum, irrende Suche, Lehrerin, wesentliche schwankende Begleiterin, wir lieben sie, denn sie ist das einzige Mittel, das wir auf dieser Erde haben, um zu spüren, dass die Wahrheit, die immer ein wenig weiter ist, existiert, ein wenig weiter.

Und die Reue? Keine Reue. Kein Pentiment. Wir, die wir zeichnen, sind unschuldig. Unsere Fehler sind unsere Sprünge in der Nacht. Irrtum ist nicht Lüge: Er ist Annäherung. Ist Zeichen, dass wir auf dem Weg sind.

Und: nicht verdüstern, weil man nicht »erreicht«. Man verliert nichts beim Irren, im Gegenteil.

Unglück wäre, zu glauben, wir hätten gefunden.

Solange wir suchen, sind wir unschuldig. Wir sind in einfältiger Ergebenheit. Vorgeburtlich.

Irrtum um Irrtum komm ich voran, im Irrtumsschritt, kraft Irrtum. Es ist ein Leid, doch es ist Freud'.

Ich suche die Wahrheit, ich treffe auf den Irrtum. Wie erkenne ich den Irrtum? Er ist evident, wie die Wahrheit. Wer sagt es mir? Mein Körper. Die Wahrheit lässt uns genießen. Sie lässt uns schallend lachen, zittern. Erröten. Es ist warm. Es ist so: ich taste. Ich versuche das Wort »Zögern«. Ich koste es. Kein Genuss. Kein Geschmack. Ich streiche durch. Ich versuche: »Korrektur«. Ich koste. Nein. Ich koste zehn Worte. Endlich stoße ich auf das Wort: »Versuch«. Noch ehe ich versucht habe, spüre ich schon einen Vorgeschmack … Ich koste. Und das ist es! Sein Geschmack ist stark und fein und voller Erinnerung an Wonnen.

Die Wahrheit trifft uns. Öffnet uns das Herz. Die Lippen. Der Irrtum lässt uns die Abwesenheit von Geschmack spüren. Lässt uns fallen wie tot, die Sprache apathisch, das Auge trocken. Der Irrtum kann uns wahrlich nicht täuschen.

Wir haben gerade einen Henker gezeichnet. Vorhin braute er sich in unsern Eingeweiden, in unseren Lungen zusammen, und wir spürten sein Gewitter grollen. Jetzt steht er vor uns auf dem Papier, wir sehen ihn an und spüren nichts. In uns ist das Gewitter immer noch lebendig, auf dem Papier nicht. Ich ergebe mich in die unsichtbare Wahrheit meiner Vision, ich höre auf die fremde Stimme in meinem Körper:

– Noch ein bisschen weiter! Los! Fang noch einmal an! Geh vor.

– Rechts? Zeichne ich rechts?

– Versuch es …

– Ich versuche.

– Ich versuche noch einmal.

Deshalb hüte ich mich, meine ersten Schritte auszulöschen. Ich muss mich aufstützen, von meinem Irrtum aus wieder aufbrechen.

Um dahin zu gelangen, ein Verbrechen zu zeichnen, hat Dostojewskij hundert Mal wieder angesetzt. Es war ein so subtiles Verbrechen, das ihm entging, so tief. Er spürte es. Verfehlte es. Näherte sich ihm. Der andere machte sich davon. Die Versuche häuften sich. Die Szene wendete sich, die Feder, versuchte, eine Tür – – ein Opfer, – Hier? – Das ist es nicht, – entfernte sich, klopfe ich? und das war es nicht, die Zeichnung entfachte sich nicht, das Herz schlug nicht, das Messer hob sich, das Opfer fiel – Ist es das? – Noch nicht – Dann ist es also auf der Treppe? – *nota bene*, notier es gut, sagte sich D., doch das war es nicht, war da jemand hinter der Tür? N. B., notierte D., N. B., N. B., seine Notizen annotierend, das waren Feste, Diese Hefte, Schlachtfeste. N. B.: – Du musst vor Mitternacht den Schlüssel gefunden haben. Und so, weil er das unsichtbare Herz seines Verbrechens vor Mitternacht finden wollte, kam er dazu, vier Bücher gleichzeitig und gegeneinander zu spielen, – eins strich das andere durch, eins tötete das andere, eins jagte das andere, eins suchte das andere dementierte – vier Bücher mit einer einzigen Hand, – auf derselben Seite geht es schnurstracks zum Geständnis. Drei Worte später rennt man raus.

Diese Hefte, wie viele Niederlagen! Vor dem Schnitt zur Mitternacht, welche Fruchtbarkeit!

Was begehren wir zu zeichnen?

Was suchen wir einzufangen zwischen den Zeilen, zwischen den Zügen, im Netz, das wir weben und auswerfen, und den Stichen mit Stift und Stichel?

Nicht die Person, sondern das Kostbare dieser Person, nicht die Jungfrau, nicht das Kind, sondern was in eben diesem Augenblick, der sie verbindet, zwischen ihnen ist – ein Geheimnis, was diese beiden da auf mysteriöse Weise unvergesslich macht. Ich spüre: Es ist nicht die Göttlichkeit, es ist die Laune. Dieser kleine Funke Gemeinheit, der den kleinen Jungen aus*macht*. Sehen Sie?

Es handelt sich nicht darum, die Umrisse zu zeichnen, sondern das, *was dem Umriss entgeht*, die geheime Bewegung, den Bruch, den Aufruhr, das Unerwartete.

Die Zeichnung will zeichnen, was mit bloßem Auge unsichtbar ist. Das ist sehr schwierig. Die Anstrengung des Schreibens geht immer über meine Kräfte. Was Sie da sehen, diese Durchstreichungen, diese Züge, das sind die Sprossen der Schriftleiter, die Stufen, die ich mit meinen Nägeln in meine eigene Wand gegraben habe, um mich über mich selbst hinauszuhieven.

Und »*das Lebendige des Lebens*« zeichnen – (was anderes gibt es, das man zu zeichnen begehrte?) – ist zum Verrücktwerden; es ist just, was niemand zu zeichnen *weiß*, das Stechende des Lebens. Aber es ist nicht unmöglich.

Es ist etwas Kleines, Präzises, – ahne ich – es muss rot sein, es ist, ahne ich, der Feuerpunkt, – oder der Blutpunkt – es ist – ich suche – die Spitze, die diese Zeichnung, diese Seite, diesen Vers in unser Gedächtnis nagelt, der unvergessliche Zug, – die Nadel, die ins Herz der Ewigkeit gestochen wurde – ich suche – eine winzige Schicksalhaftigkeit, eine Spitze, die mich im Herzen schmerzt und die das Herz der Welt schmerzt, es ist nicht größer als die rote Spinne, die wandert, während Stawrogin ans Verbrechen denkt, ans Verbrechen denkt, und nicht bereut …

(– ich gehe vor, ich nähere mich, Achtung, denn wenn ich sehe, was es ist, werde ich sogleich nicht mehr sehen – –)

.. die Spur des stechendspitzen Lebens, das unter den abgerundeten Erscheinungen des Lebens verborgen liegt, ein Leben, das verborgen bleibt, weil wir nicht ertrügen, es so zu sehen, wie es ist, im ganzen Glanz des Grauens, das es ist, das Leben, das erbarmungslos ist, wie die Zeichnung sein muss.

Heute Morgen ging ich im Museum an den Zeichnungen vorüber, leicht auf der Hut, auf der Hut der Lektüre, die nicht weiß, wo es zuschlagen wird, und ich betrachtete zerstreut diese Unruhestücke, diese gestotterten Geständnisse von nichts, das klar preisgegeben würde.

Da kam der Schlag von einem, von dem ich es gar nicht erwartete. Wie heißt dieser Moment, in dem wir plötzlich wiedererkennen, was wir noch nie gesehen haben? Und der uns eine Freude bereitet, die wie eine Wunde ist? Es ist diese Frau, die mir das angetan hat: die Büglerin.

Diese Büglerin tut uns weh. Denn die Zeichnung hat »das Geheimnis« in ihren (zuwiderlaufenden) verstrickten Fäden eingefangen. »Das Ding«, das spitze Ding »Leben«. Wir meinten, eine Büglerin zu zeichnen. Aber es ist schlimmer.

Diese Büglerin ist eine Tragödie. Ein Nadelstich mitten in die Brust der Ewigkeit. Doch um den Nadelstrich zu ziehen, um zum Schlag zu gelangen, war wildes Gekritzel nötig. Es hat einen Kampf gegeben. Gegen wen oder was?

Gegen die *Idee* der Büglerin. Die Zeichnung trägt die Spur von Schlägen, blauen Flecken, sogar Blut. Sie ist geschwollen.

Wieder und wieder über den Körper der Büglerin gehen und bügeln: was uns dabei am Ende vor Augen getreten ist, – das ist – möchte man sagen, ein Verbrechen. Aus dem gebrochenen, von Strichen überzogenen Körper, kommt der im Körper der Büglerin verborgene Körper hervor, oder genauer der Kopf der Seele, und den Hals in den Nacken gelegt, stöhnt sie.

Ich will nicht die Idee zeichnen, ich will nicht das Wesen schreiben, ich will, was in die Büglerin übergeht, ich will den Nerv, ich will die Offenbarung der gebeugten, geplätteten Büglerin. Ich will schreiben, was zwischen uns und der Büglerin vorgeht, den elektrischen Strom, der übergeht. Die Rührung. Denn sie mit den Augen zeichnend habe ich gespürt: *Es ist der Tod*, der durch die Büglerin geht, unsere Sterblichkeit in Person. Ich will unsere Sterblichkeit zeichnen, dieses Zittern.

Die Rührung entsteht *am Angelpunkt zweier Zustände*. Im so jähen Übergang. Unfall. Augenblick von Alteration im Überraschungsschlag. Und der Körper, der vor der Sprache laut wird. Erst der Schrei, dann die Worte.

Wenn es nicht ganz klar ist, was sich im Körper gerade spürt oder denkt – im Körper Christi, der Büglerin – eben dies, was da im Zuge ist, eben den Moment versuchen wir zu zeichnen. Werden wir sterben? Töten? Die Hand hebt sich, der Kopf, die Feder fällt zurück,

Die Zeichnung spürt den Tod vorübergehen.

Wir glauben, die (zur) Enthauptung Johannes des Täufers zu zeichnen (zu gehen). Aber es ist schlimmer. Im Moment der Enthauptung fand plötzlich ein Sinneswandel statt. Oder vielmehr ein Lebenswandel. Etwas Unvorhersehbares ist zwischen den zwei Gestalten *während* der Zeichnung vor sich gegangen. Wir neigten uns mit Grauen über den Heiligen, und in dem Moment, als wir neugierig seinen Körper betrachteten, das heißt die beiden Teile seines Körpers, auf einmal so wider einander, ist all unsere Aufmerksamkeit abgelenkt und vom Henker in die Gegenrichtung fortgerissen worden. Denn in dem Moment, als die Zeichnung den Schmerz des Körpers und die Trauer des Kopfes zeichnen wollte, hob sich urplötzlich ein Lebensschub im Henker, dem die Zeichnung nicht widerstehen konnte. Die Freude des Henkers brach aus. Das hätte nicht geschehen können, *bevor* die Zeichnung den Heiligen exekutiert hatte. Denn der Heilige musste nach allen Regeln der Kunst enthauptet werden, damit der Henker plötzlich transfiguriert und, schlagartig, mit dem Säbel eins wird. In dem Augenblick, wo wir das Zusammensacken des Heiligen beschrieben (und beim Anblick des vom Kopf gelösten Körpers, der auf die Arme gestützt versucht sich zu erheben), schnellte der Henker wie eine Sprungfeder hoch, ich meine die Feder, und signierte mit vollem großem Strich den starken jähen Jubel des Henkers.

Wir wollen die Folter schreiben, und wir schreiben die Freude. Gleichzeitig. In jedem Augenblick bin ich anderselbst. Der eine in und über dem anderen.

Was war der erste Federstreich?

Und vor der ersten Zeile hat es etliche andere gegeben. In Wahrheit ist die erste Zeile, aus dem Gemenge heraus, die überlebende: alles beginnt in der Mitte.

Man muss mitten auf das Blatt Papier springen, die Spitze niederhauen, sofort beginnt der Lauf, oder das Gefecht.

Und jetzt sehe ich, was die Büglerin, der Henker, der Heilige, der kleine Junge gemeinsam haben: es ist die Gewalt. Es handelt sich um Kampf.

Kampfzeichnungen, diese Zeichnungen, die mich schicksalhaft berühren, ganz verwundet wie sie sind, und somit unseresgleichen.

Zeichnungen schlechthin: weil jede Zeichnung (Kampf ist) sich bekämpft.

Zeichnen ist das Sinnbild all unserer verborgenen inneren Kämpfe. Wir sehen darin die Eingeweide der Seele.

Was ist eine Buchseite? Was von einem Blatt Papier bleibt, das zum Schlachtfeld wurde, auf dem wir, schreibend, zeichnend, uns selbst getötet haben. Eine papierene Steinplatte, unter der ein Gemetzel verblasst. In der Schrift wird alles angefochten, umstritten und geopfert. Kaum nahm Kafka seine Feder in die rechte Hand, stürzte sich seine linke Hand darauf (auf seine Rechte) und der Kampf wütete. Das gab solche Würfe und Entwürfe, dass Kafka, unfähig, der einen oder anderen Hand recht zu geben, davon träumte, die unzähligen Spuren seiner Feindseligkeiten zusammen mit sich selbst ins Feuer zu ziehen. Und wenn er es nicht selbst getan hat, so deshalb, weil er nur versucht hat zu bereuen. Wir versuchen Reue zu üben, aber wir bereuen nie. Man bereut nicht. Man schafft es nicht. Man übt: Man macht Versuche.

Als Rembrandt »la Décollation de Saint Jean-

Baptiste«, das heißt *die Enthauptung Johannes des Täufers* zeichnen wollte, gab es eine Explosion, und die beiden Männer, der Henker und das Opfer, stritten sich wutenbrannt um das Papier; Rembrandt, der Henker, das Opfer, stöhnte mit den Schnitten großer Federstreiche. Was sich bei ihm selbst, zwischen ihm selbst zeichnete, ist *die im Körper des Henkers explodierende Enthauptung.* Die Feder hat den Transfer eingefangen, die brutale und schnelle Explosion, die im Zuge war, augenblicklich die beiden Gegner zu transformieren. Alles, gezeichnet vom Blickpunkt des Ausführenden. Die Zeichnung hieß: *Le décollage du Bourreau*, das heißt *Das Abheben des Henkers*, doch danach wurde dieser Name durchgestrichen und ersetzt … N. B. Und genau in dieser Szene, in der Rembrandt Henker war, *keinerlei Reue.* Ich meine: keinerlei christliche Reue. (Der Henker sucht seine Vollendung, und mit ein paar Streichen wird er zur Verkörperung des Klingenstreichs der Seele.)

Denn unsere Seele hat keinen Boden
unter den Füßen.

Unruhe herrscht in diesen Zeichnungen. Vielleicht zeichnen die Maler deshalb? Weil die Zeichnung das Recht auf Raserei und Aufruhr ist. Das Recht auf: Nein. Die Zeichnung schreit. Doch die Malerei, selbst die rasende, selbst van Gogh, malt nichtsdestoweniger *nach* dem Sturm. Sie braucht ein wenig Zeit. Die Zeichnung aber ist: Versuch, *essai*: vorher. »Werk, in dem der Autor sich mit seinem Stoff befasst, ohne den Anspruch, das letzte Wort zu sprechen ...« Wir haben nicht das letzte Wort: Die Wahrheit ist immer ein Wort voraus, und wir hechten ihr, atemlos auf ihren Fersen, hinterher. In dem *Essay* mit dem Titel *Von der Reue* erzählt Montaigne, wie er sich stets genau vor jeder (christlichen) Reue gehütet hat, während er sich zugleich ganz dem Essay hingab, der einzigen Schriftform, die der Wahrheit treu ist, der begehrenswerten Ungreifbaren. »*Wenn meyne Seele einen Fuß auf den Boden bekäme, würde ich nicht versuchen, sondern mich entschließen*«, doch sie ist stets »*dabey zu lernen und zu erfahren*«.[12] Unsere Seele hat nie einen Fuß auf dieser Erde. Kaum streifen wir das Papier mit der Fußspitze der Seele, da gleitet schon der Fuß aus. Es ist immer diese Geschichte von Fuß und Boden, beide bebend, der eine fehlt dem anderen. Wie soll man einen fest stehenden Fuß zeichnen, wenn die Seele ein einziges Wanken ist? Unsere Zeichnungen, unsere Bücher und wir, wir gehen alle in einem Zuge und mit unsicherem Fuß. Deshalb sind es meist die Beine, die in unseren Zeichnungen am aufgeregtesten sind.

Um auf das zurückzukommen, was entkommt: Wir wollen den Augenblick zeichnen. Diesen Augenblick, der zwischen zwei Augenblicken zuschlägt, diesen Augenblick, der unter seinem eigenen Einschlag in Stücke zerspringt, der weder Ausdehnung noch Dauer hat, nur sein eigener Knall, der Schock des Übergangs von der Nacht zum Licht. Hier ist der Augenblick die Höhe, die dieser Arm des Henkers gewinnt (ein einziger doppelter Arm), eine große, hohe Geste, die äußerst feine schnelle Linie der äußersten Aktualität. Der Augenblick ist ein Drama ohne Szene.

Ich wollte diesen Text »Für den Augenblick« nennen, oder »Im Augenblick« oder »An den Augenblick«, aber mein Sinn hat sich gewandelt.

Der Augenblick, da fiel er, eben, zwischen dem Heiligen Johannes; der Körper ist noch lebendig, doch der Kopf ist bereits tot. Es ist dieser Augenblick: der Entscheidungsschnitt zwischen Leben und Tod.

Er ist es, den wir zeichnen, stolpernd, weil wir, statt zu zittern, Spuren ziehen. Wir wollen vorstürmen und gehen zurück. Sehen Sie diese Fußspuren? Wir gehen nämlich rückwärts vor.

Wie zeichnet man die Geschwindigkeit?

Ans »*repentir*« zu denken, ist äußerst anstrengend. Es ist, als ob ich versuchte, die Haut des Denkens mit der Haut des Denkens zu denken. Man muss schneller denken als man selbst.

Beobachtet man es von sehr sehr nah sehr sehr schnell, dann geht das Denken nicht, wie wir denken, schnurstracks vor, sondern in einer rasenden Bewegung, dem bloßen-Auge-des-Denkens unsichtbar, es zischt schnurstracks vor wie der Blitz und kommt fast gleichzeitig auf seinen eigenen Strich zurück, um ihn zu zertrampeln und ihn auszulöschen, und schießt sich fast gleichzeitig stracks wie eine Rakete vor, – wenn ich doch bloß *einen* Gedanken zeichnen könnte! – wenn ich ihn fotografieren könnte – dann sähe man, dass das Denken überhaupt kein Satz ist, sondern was nach ein paar Explosionen in Worten herabfällt,

oder aber das Foto eines Traums machen!

Ich will die Gegenwart zeichnen, sagen da Vinci, Picasso, Rembrandt, die verrückt nach Wahrheit sind. Wie malt man das Bildnis des Blitzes? Mit welcher Geschwindigkeit zeichnet man die Geschwindigkeit? Wir alle haben *halt!* zum Augenblick geschrieen, *verweile!* Wir, die über das Maß hinaus sind, durch unsere Langsamkeit huscht Schnelligkeit, durch unseren engen Kopf zischt der Blitz eines Gedankens.

Die Wahrheit nähert sich.

Es kommt die Vision, die weder wir noch der Heilige vorhersehen können.

Achtung! Sie kommt …! Ach! Die Gnade! Welcher Schmerz! Wir fallen wie eine Leiche.

Wir haben die Gnade nicht: Sie wird uns um die Ohren gehauen, wir fallen in Ohnmacht. Wir schrecken aus dem Schlaf, schnell einen Stift, um den letzten Schimmer der Erleuchtung aufzuzeichnen, und mag einer auch sagen: »Was soll's, unsere Vision haben wir ja gesehen«, wir geben niemals auf.

Galopp, Schnecke! Kritzelnd kriechen wir auf Gottes Spuren.

Wir leben schneller als wir, die Feder folgt nicht. Um die Gegenwart zu malen, die vorübergeht, halten wir die Gegenwart an.

Man kann doch kein Buch mit einem Federstreich, mit einer Seite schreiben, und doch müsste man.

Doch wir sind zur Verspätung geboren.

Die Zeit, der Körper sind unsere langsamen Gefährte, unsere räderlosen Karren.

Schau her, in diesem Augenblick »sah« ich eben ein Buch – jetzt werde ich zwei Jahre und zweihundert Seiten brauchen, um es mit meinen

Händen, mit meinen wankenden Füßen zu erzählen, und mein Atem angeleint in meiner Brust, und erst vor dann zurück und umgekehrt.

Deshalb möchten wir so oft sterben, wenn wir schreiben, um blitzhaft das Ganze zu sehen und wenigstens einmal mit einem einzigen Bleistiftstreich der Zeit das Rückgrat zu brechen. Und mit einem einzigen Wort Gott zu zeichnen …

Hélène Cixous

N. B. Es gibt keinen Satz dieses Textes, den ich nicht zwanzigmal geschrieben hätte, – – Kaum habe ich das Wort »Reue« gesagt, *»repentir«*, hat es sich auf mein Papier gestürzt, sich überall verstreut, nutzlos, es zu leugnen. Man sagt dieses Wort und schon geht es los.

N. B. N. B. Denn letztlich ist das, was sie Reue nennen, niemand anderes als der Dämon der Schrift.

N. B. Und wie soll ich diesen Essay jetzt nennen?

– »Ohne Halt« – Nein. – »Das Abheben des Henkers« – Nein. – Eher:

Ah! Nein, genug jetzt, es ist Zeit! Keine Reue mehr! Kein Wort mehr!

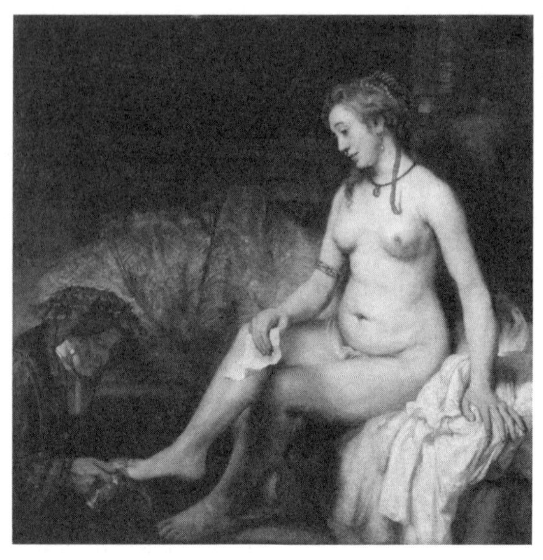

Rembrandt van Rijn: Bathseba im Bade.
Gemälde, 1654. Musée du Louvre, Paris

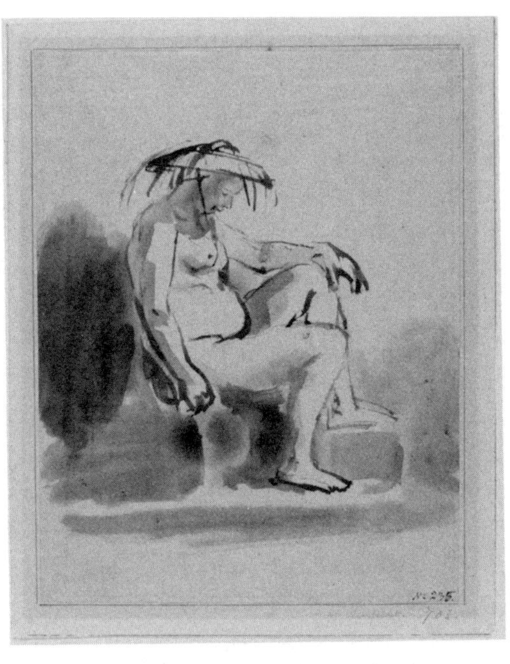

Rembrandt van Rijn (inzwischen Carel Fabritius zugeschrieben): Nackte Sitzende mit breitkrempigem Hut. Zeichnung, ca. 1641–43. Victoria & Albert Museum, London

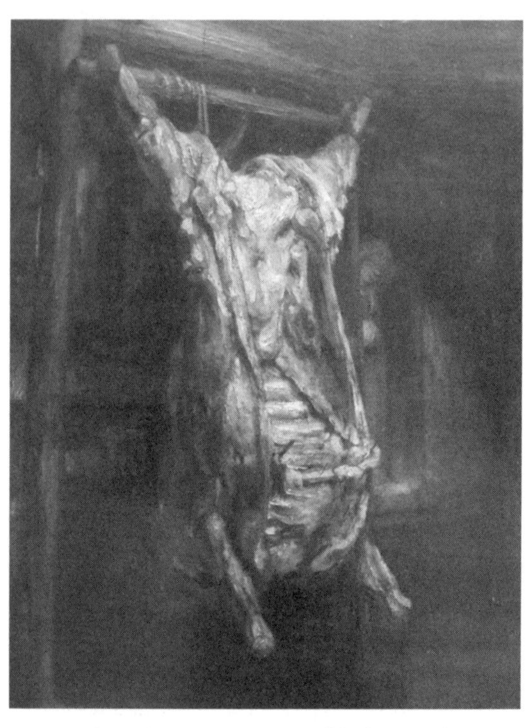

Rembrandt van Rijn: Der geschlachtete Ochse.
Gemälde, 1655. Musée du Louvre, Paris

Bathseba oder die Innere Bibel

Ich habe vierundzwanzig Schritte in der Rolle (in Richtung) von Bathseba gemacht.

1. Es handelt sich so gar nicht um »einen Akt«, und deshalb habe ich zwischen allen Bezaubernden, allen Magien als Erstes gesagt: diese da. Von ihr möchte ich die geheimen Botschaften empfangen. Diese Nackte ist kein Akt.

Sie ist nicht gemacht – nicht gemalt –, um nackt gesehen zu werden. Gerade sie – Bathseba. Jene, die gesehen worden ist. Nicht hätte gesehen werden dürfen. Jene, die erblickt worden ist. Von fern.

Diese hier, die wir sehen, ist nicht das sterbliche Objekt.

Nicht das Objekt des Begehrens, und des Mordes.

Es ist Bathseba in Wahrheit.

Die nicht-nackte Nacktheit. Nicht entblößt. Nicht entkleidet. Eigentlich. Sauber.

Bathseba absolut. Ohne Mann. Kann man sich ausmalen, wenn man sie sieht: »David und Bathseba«? (Der Name Bathseba ruft nach David – doch diese Frau, da, nicht.)

*

2. Dies ist Bathseba. Was von David bleibt, wäre diese dunkle Umgebung. Diese Art Schwärze? … Wenn es ein Paar in dem Bild gibt, so wären es tatsächlich der Tag und die Nacht.

(Ich sage Schwärze, und nicht: schwarz. Die Schwärze ist nicht schwarz. Sie ist das Äußerste der Rots. Das geheime Blut der Rots. Es gibt so viele Schwarz … Vierundzwanzig, heißt es.)

*

Ich habe gesagt »ohne Mann«. Ich meine: ohne »sichtbaren« Mann. Ich meine ohne inneren Mann. Im Innern ihrer selbst. Ohne … Gekünstel, ohne Steifheit. Diese Frau ist weder zu- noch aufgerichtet.

(Und Rembrandt? – Ah! Rembrandts Geschlecht –

Kein Vergleich mit Rubens Helmbuschgeschlecht, kein Vergleich mit da Vincis Spiegel. Rembrandt ist ohne Geprange.

Das Geschlecht (von) Rembrandt ist ein matrixartiges.)

*

3. Warum hätte Freud zu Rembrandt nichts zu sagen? Weil es keine Familienszene gibt, man sieht keine Drohung, keine Übertragung, keine Projektion, es gibt keine Abhängigkeit, keine Autorität, keine grausame Bindung.

Sehen Sie Titus an. Titus ist nicht »ein Sohn«, er ist ein Junge. Dies ist ein junger Mann. Dieser junge Mann ist.

Diese alte Frau ist nicht vermütterlicht. Dieser alte Mann ist nicht verehrwürdigt. Der alte Mann ist alt.

Die Kriege um Zugehörigkeit, um Aneignung, die in den Familien wüten, nein. Keine Gewalt. Nur Inständigkeit und Tiefe. Und jedem sein tiefer, schicksalhafter Auftrag: menschlich werden.

*

4. Was es bei Rembrandt nicht gibt: Es gibt keinen da Vinci.

Nicht das Lächeln. Nicht der Blick, der fängt, und das Lächeln, das flieht.

Es gibt kein Lächeln: kein außen. Kein Gesicht, das sich anschauen lässt. Das sich angeschaut weiß. Keine Vorderseite. Keine Oberfläche. Keine Szene. Alles ist innen. Keine Repräsentation.

Die Passivität Bathsebas. Die Ermattung.

Das Bevorstehen. Über ihr dunkles Herz gebeugt.

*

5. Da ist kein Vermeer.

Keine Wände, kein Bild an der Wand, kein

Fenster, keine Kacheln, kein Vorhang, keine Seekarte an der Wand, kein Schrank,

Bei Vermeer tritt das Licht durch das linke Fenster ein und zeichnet. Alles ist in der Zelle. Das Draußen klopft an die Fensterquadrate. Das Außen tritt ins Innen ein.

(Die Camera obscura, die Sehmaschine gibt uns: fotografische Sicht, in Ebenen.)

Hier: keine Gegenstände im Vordergrund, keine Früchte. Keine Zwirnrollen. Hier, kein außen, keine Epoche, keine Stadt.

Vermeer holt uns nach Delft. Zur Spitzenklöpplerin. Ewige Wiederherstellung.

Wohin holt uns Rembrandt? Ins Ausland, das unsere.

Das Ausland, unser anderes Land.

Er holt uns ins Herz.

6. Man muss ins Land dringen (– sagt van Gogh – im Midi bleiben, bis man qua Durchdringung zu ihm wird)

Sich im Land das Auge üben.

Cézanne ist absolut aus dem Land selbst, er kennt es so innig, man muss innerlich dasselbe Kalkül vollziehen, um zu solchen Tönen zu gelangen (feste Töne).[13]

*

Rembrandts Land selbst? Weder Stadt, noch Land. Das innere Land: »die Landschaft der inneren Bibel«. Ich sage die Bibel, das heißt das Land der urältesten Leidenschaften und Passionen, es ist ein Land ohne Landschaft, ohne Monumente. Doch nicht formlos und nicht ohne Einwohner.

Wie gelangt man dort hin? Wie gelangt man in einen Stern? fragte sich van Gogh. Das schnellste Transportmittel ist nicht der Zug, es ist der Tod.

Und um in die innere Bibel zu gelangen? Man muss die Treppe nehmen und sich ins Fleisch graben. Bis zum entsunkensten Gedächtnis.

*

7. Dunkel ist es hier. Wir sind unten. Wir sind angelangt.

Im Schoß. Unmittelbar. Eine solche Abwesenheit von außen!

Das Land ist ein Zimmer aus zitternden Falten.

Was ich spüre: diese Dunkelheit. Es ist die dämmrig wirre Luft unserer Geheimnisse, jene, die uns steuern und die wir nicht kennen. Wir (Bathseba) sind im Geheimnis. Das Geheimnis umgibt uns. Bathseba sitzt in unserem Zimmer, in unserer Brust, wie ein lichtes Herz. Sie enthält das Licht. Das Licht breitet sich nicht aus.

Der Körper: Lichtbrot.

Ich prüfe nach: woher kommt das Licht? Der Schatten des Bandes auf Bathsebas Haut sagt uns, dass ein starkes Licht von links kommt. Doch der Perlmuttschein des Dreiecks der Haube unter dem Hut der Dienerin sagt uns, dass ein Lichtstrahl von rechts aufsteigt.

Die Lichtquelle ist abgeschnitten. Das Licht bleibt. Das geheime Feuer, das vom Fleisch ausgeht.

*

8. Aus welchen geheimen Lichtern sind wir gemacht?

Aus welchen Dichten?

Was Rembrandt uns wiedergibt: den Teig, die Tiefe, das Taktile, was wir verlieren, verloren haben, wir, die wir flach und ohne Dichte, ohne Dicke als Silhouetten auf der Leinwand leben: das innere Strahlen.

Was einer Szene Rembrandts (nehmen wir eine Familienszene oder eine Szene wie diese hier, eine Szene der »Körperschaft«, der »Körperung«) ihre Kraft gibt, mit der sie uns ergreift, uns stößt, uns kneift oder liebkost, das ist, jenseits von Schlagabtausch und Höflichkeiten – jenseits der Vortäuschungen, der Codes …

dass sie immer zugleich im Keller, in der Grotte oder im Wald spielt, in diesen großen und düsteren prähistorischen Kathedralen, in denen unsere Farben sich bewegen, unsere Zeichnungen, in denen Anziehung und Abstoßung leuchten wie Laternen in unserer Dunkelheit. Dort (unten) nimmt Rembrandt uns hin. Unten in uns, über die rote Treppe, unter die Erdkruste.

Diese Welt ist voll Nacht und goldenem Stoff. Der Stoff der Nacht ist ein Lehm. Ein Schlamm. Unmerklich bewegt er sich noch.

Keine Landschaft und auch keine »Möbel«. Statt Möbeln »Stapelungen«, »Regale« aus Farben. Bänder, Pinselstriche. Was sehen Sie dort?

Ein Herr sagte mir: Da ist ein Schrank. Mit Wäschestapeln.

Ein anderer Herr, ein Maler: ein Architekturgrund, ein Pilaster.

Ein Kommentator sagte mir: Der Vorhang ist weggezogen.

Wir brauchen Schränke und Vorhang so sehr, wir müssen so dringend möblieren.

Die innere Welt ist voll Nacht und goldenem Stoff, Nachtstoff. Nachtrollen.

Vorhänge? Die Vorhänge sind weggezogen worden? Die Stoffe, die Wäsche, die dunklen Golde, die weißen Golde umspielen in Dur und Moll das blonde Gold des Körpers.

Das ganze Zimmer ist Fleisch. Geschlecht.

Die »Vorhänge« haben sich wie Lider gehoben,

die klare Pupille enthüllend: den lichten Körper Bathsebas.

Ich bemerke: »die Empfindung von weggezogenen Vorhängen«. Als dächte unsere Naivität: das, dieses Licht in dem fleischernen Kelch, existiert nur verborgen, geschützt. Es ist die *Intimität*. Sie ist niemals zu sehen, außer unter der Bedingung einer Indiskretion.

(Siehe die unglaubliche Heilige Familie mit dem Vorhang: es handelt sich um Magie: Wie kann man uns die Intimität der Intimität spüren lassen, die *Intimitüde*? Man gewährt uns die Gnade und zeigt, was hinter dem Vorhang verborgen ist: dieselbe Geste, wie wenn man ein Kind in der Wiege betrachtet: Wir beugen uns vor, schieben das Tuch beiseite, den Schleier, den Vorhang, behutsam, um es nicht aus seiner Intimität zu holen. Bathseba in der Wiege, schläft vor uns, sehr nah, sehr fern von uns.)

Es handelt sich um die diskrete Empfindung von »Offenbarung«.

Wir sehen eine Mischung aus Langsamkeit und Verstörung. Der Moment »just danach« – noch nicht. Das hat noch keinen Namen.

*

9. Womit ist sie gemalt?

van Gogh sagt, dass Delacroix von Veronese sagt, er male weiße und blonde nackte Frauen mit einer Farbe, die aus sich selbst heraus stark dem Schlamm der Straßen ähnelt.

van Gogh will mit Erde malen. Kneten.

Mit welchem Schlamm ist Bathseba gemalt? Mit welcher Erde?

Mit Fleischbutter. Mit Ghee. Diese rosigblonde Butter.

Opferspenden.

Bathseba nackt

Ich sehe Rembrandt, den Schleier (der nichts verbirgt) auf die Lende malend.

Rembrandt, mit einem Schleier leicht Bathsebas Lende streifend.

Der Schleier, ein Nichts, das die Nacktheit macht.

Ohne dieses durchsichtige Nichts würden wir vergessen, dass sie nackt ist.

Bathseba ist im Niemandsgewand. Im Hauskleid. Im Körper. Der Körper ist das Gesicht.

10. Sie schaut uns nicht an. Sie gehört zu jenen, die uns nicht anschauen. Ich meine: diese Frauen, Bathseba, Maria, Hendrickje schauen uns nicht an, hören nicht auf zu leben (das heißt zu träumen, das heißt fortzugehen), um uns anzuschauen.

Sie entfernen sich, sie gehen langsam fort, ein Gedanke trägt sie fort zum Unbekannten hin, in die Ferne. Man hört – kaum – den Ruf der Ferne –

Und wir, sie anschauend, wir sehen den Gedanken fortgehen. Wir sehen das Denken. Es handelt sich um das Porträt des Denkens, nach Rembrandt. Das Denken ist nicht der schwere sitzende Denker. Es geht vorüber, innerlich, zerstreut, wandernd, es ist die Fremde.

Er malt die Fremde, den Fremden in mir, in Ihnen.

Die Zeiten, wenn unter dem Einschlag eines Briefs – – –

wir plötzlich zum Fremden, zur Fremden in uns selbst werden. Uns von uns selber trennen. Uns verlieren. Auch aus dem Blick.

Er fängt den Ausgangsmoment ein, malt ihn. Die Stunde, da das Schicksal unseren Augen entgleitet.

Alles scheint häuslich. Und indessen steigt es uns wie Tränen in die Augen, eine solche Fremdheit. Denn sie ist ja schon fortgegangen, jene, die Bathseba heißt. Aber der Körper bleibt. Umso mehr Körper, umso mehr Fleisch, umso schwerer hier, als sie-Bathseba anderswo ist.

Das Gesicht wandert: Ein großes Schweigen herrscht in dem Gemälde.

Woran denkst du? fragen wir uns.

11. Eine nackte nachdenkliche Frau. »Nachdenklicher Körper«.

Einerseits betont die Nachdenklichkeit die Nacktheit: nackte Nacktheit. Nicht gedachte Nacktheit. Nicht bewacht, nicht bewahrt. Gegeben.

(Woran denkt eine nackte Frau – ihr Bezug zu ihrem Körper, immer das leichte Wachen, wie ein Schleier, der flüchtige Blick oder das Anschauen.

Immer, wenn ich nackt bin, schaue ich mich nicht an, ich werfe auf mich den Blick (– vom anderen, von dir/mir auf mich) – Aber nein, Bathseba schaut ihren Körper nicht an. Sie ist nicht vor sich selbst. Sie ist nicht hier. Sie ist fortgegangen, hinter ihre Lider.)

*

Andererseits verlässt uns die Person, die vor uns denkt. Ein Anflug von Verrat bewegt uns: Sie fehlt uns ein wenig, denn sie ist (nur ein wenig da) abwesend.

Gedankenverloren ist sie uns verloren.

»Er malt keine großen Historienbilder« (sagt ein Zeitgenosse). »Er malt Gedanken …« (Roger de Piles, 1699 Paris).

Er malt die Nachdenklichkeit. Diese Abwesenheit im Körper. Dieses Fortgehen der Seele, das den Körper öd und verlassen lässt wie ein lebendiges Grab. Wir denken: Wir gehen davon.

12. Die Frau weiter unten am Fuß, älter, ist ein Rest. Sie kehrt uns aus dieser Zeichnung wieder:

> Bathseba ist also auch
> diese andere Frau.

Die Frau mit Hut ist: Bathsebas Fremdheit, der Exotismus, Asien.

*

Nackt mit Hut! Extravaganz: etwas Abgedrehtes in der behaubten Nacktheit.

Und die Haube: orientalisch …

Dieser entzweigeschnittene Akt: der Körper an Bathseba

die Haube an die Ältere …

Der Hut! arbeitet

Der Blick der »Dienerin« geht zur Zukunft im Osten hin fort.

Der Blick Bathsebas entfernt sich zur westlichen Zukunft hin.

Die beiden Blicke gehen langsam nach unten hin.

Kreuzen sich, sehen sich nicht. Sind auf zwei parallelen Ebenen.

Die beiden Frauen entfernen sich nachdenklich vom Schauplatz.

Gedankenverloren trocknet die »Dienerin« Bathsebas Füße ab. Sie ist anderswo. Sie sind anderswo. Von der Seele her sind sie anderswo. Der Körper wiegt, verlassen, schwerer.

Woran denkt die »Dienerin«? Diese beiden Frauen denken an das Ende des Jahrs. Am Ende des Jahrs wird ein Weg verloren gegangen sein,

Das Ende des Jahrs …

Auf den ersten Blick, auf den zehnten Blick ist es dieses Gesicht, das ich zuerst sehe. Ich sollte sagen: dieses Halbgesicht. Man nennt das: Profil. In Wahrheit ist es eine Vorderseite, eine Hälfte, ein Halbgestirn. Die andere Seite gehört der Nacht. Ich werde also immer nur die Hälfte von Bathseba kennen, den erleuchteten Teil.

*

13. Etwas Unlesbares nimmt meine Augen ein. Vielleicht dies, sage ich mir, nach langer Zeit: Es ist etwas, das vom Kopf zu den Füßen gleitet. Eine unbewegliche Bewegung, eine Umwandlung.

Jetzt sehe ich, es ist die Zeit, und sogar: die Schrift der Zeit, es ist das Alter. Von dem jungen Kopf aus fängt der Körper unmerklich zu altern an. Ah! Das also presste mir das Herz zusammen. Diese junge Frau ist dabei, zu altern. Die Zukunft breitet sich in ihren Gliedern aus. Die Brüste sind noch Kinder, das Becken, die Schenkel, die Beine sind bereits in den Händen des Alters.

Was? Das darf man nicht sagen? Dabei ist es das, was Rembrandt malt: die Passion (das Leiden) Bathsebas beginnt dort, im Körper, zwischen den Knien,

dort schwebt … der Brief

14. Die Gewalt des Briefs.

Zuerst hatte ich ihn nicht gesehen. Den Brief.

Ganz langsam fängt der Brief den Blick.

Zuerst hatte ich den Körper angeschaut.

Diesen Körper, der sich in sich selbst fallen lässt.

Der wiegt. Wägend. Das Für? Das Wider?

Ich hatte den Teig des Körpers angeschaut. Das weiche Fleisch. Ohne Muskel. (Sehen Sie die muskulösen Schenkel der *Badenden Frau*)

Eine Ermattung, eine Niedergeschlagenheit. Des Tiers, das sich versprochen weiß. Der Opferung.

»Der Körper senkt den Kopf«.

(Es scheint ein »Pentimento« des Kopfes zu geben)

(Während alle Frauen sich erheben, auf die eine oder andere Weise. Selbst die bescheidenen, selbst Hendrickje. Sie haben Muskeln oder Hut.)

Bathseba ist fallend. Leicht, leichtes Sinken.

Fallendes Kinn.

Eine Schlaffheit hat sie ergriffen.

Bedrückung? Resignation?

Wie sie den Brief hält: nachlässig. Sie könnte ihn fallen lassen.

15. (N. B. Der Sieg des Briefs: das langsame Aufsteigen an die Oberfläche, die Inständigkeit.)

Es gibt also einen Brief.

Es gibt immer einen Brief. Der Brief, welch eine Gewalt! Wie er uns sucht, wie er auf uns zielt!

Uns.

Vor allem die Frauen.

Und öfter als Freude ist es Tod, den er uns bringt.

Ich weiß nicht, warum ich ihn nicht gesehen hatte. Und Sie?

Was ist ein Brief neben einem großen Körper,

den buttriges Licht erfüllt? ein Papierfetzen, neben dieser cremigen Wäsche?

Plötzlich bin ich briefgetroffen. Und ich sehe nur noch den Brief, *la lettre*, ich sehe nur noch sie.

Dieser Brief! nein, es ist ein Loch im Körper des Gemäldes, ein Riss klafft in der Nacht. Sehe ich den Brief, sehe ich Bathseba nicht mehr. Und jetzt, wo meine Augen auf dem Brief liegen, sehe ich, dass er es ist, der Brief, der diesen Schatten auf Bathsebas linkes Bein wirft. Dieser Brief widersetzt sich. Dem Schleier. Der Wäsche.

Der Lektüre. Es ist ein Brief von der Rückseite. Er wendet uns den Rücken zu.

Als ich ihn lesen wollte: für immer verboten. Einen Brief malen, den man von der Rückseite sieht! Die Tür ist zu. Das ist David, flüstert ein alter Bericht mir zu.

David ist das Draußen. Der Draußen. Der Befehlsgeber. Unsichtbar.

»David und Bathseba«, das ist es: das ist Bathseba buchstäblich mit Brief, *Bathseba à la lettre* … Der Brief hallt im ganzen Gemälde wider.

Form

Dieses Bild ist annähernd in zwei Dreiecke geteilt.

Goldschatten und (fleischliches) Licht aus Fleisch.

Im Zentrum der Einschlag des Briefs.

*

16. Der Brief ist soeben gelesen worden.

Die beiden Frauen stehen unter dem Briefschlag.

Der Brief hat ihnen den Atem verschlagen. Hat sie dort hinunter in die verschlossene Zeit geschickt, vor die verschlossenen Tore der Zukunft.

Hier im Bild, im Zelt, sind sie schon vergangen, die schon vergangene Gegenwart fällt in schweren Falten herab.

*

Wie weiß ist der Brief in der Mitte des Bildes. Rosigschattiges Weiß. Der Brief liegt in der Farbskala, dennoch ist er Teil der Farben Bathsebas.

Ein Brief, den man weder hält noch lässt. Hält das ganze Bild unter dem unentzifferbaren Zauber seines Anhauchs.

*

Und wie rot ist der Fleck in der Ecke des Briefs.

Wie eine Signatur. Das Mal auf der Schulter. Ein Purpurstrich auf dem Weiß. Zeichen oder Signatur. Ein Stück rotes Siegel? Das Stückchen Wachs. Ist es also realistisch? Nein, es ist rot. Es ist ein Element. Inkarnat.

*

Porträt der Traurigkeit: Vorahnung der Trauer.

Die Traurigkeit Bathsebas:

Sie wird traurig unter der Inständigkeit unseres beharrenden Blicks.

Der Mund, zum Lächeln gemacht, der Mund fällt nicht.

Die Traurigkeit ist in der Augenbraue: Die Braue hebt sich leicht, wie sich leicht das Denken hebt, wenn es denkend das Weitere sucht.

*

17. Eben sah ich, im Kabinett: *Die Spitzenklöpplerin*, *Der Astronom* von Vermeer. Den *Erasmus* von Holbein.

Die Spitzenklöpplerin ist ein *sublimes Stillleben*. Ich bin vor dem Licht und Schatten der Finger der Spitzenklöpplerin in Kontemplation versunken. Das vom Licht Geformte. Von den Stegen her ist die Spitzenklöpplerin ein Cézanne. Die Spitzenklöpplerin ist vollkommen. In jedem Detail. Es ist ein Kästchen voll kostbarer Farben. Nichts fehlt. Wir empfinden eine große Befriedigung. Wie vor der Perfektion eines Puppenheims: Alles ist da, bis zum kleinsten Kochtopf. Und obendrein gibt es diese Gelbs. Alles im Haus ist in Ordnung.

Erasmus hat sich nicht verändert. Er ist es, heute wie vor drei Jahrhunderten, derselbe herbe Mann mit den schmalen Lippen. Er sieht noch genauso aus, dieselbe Erscheinung, seit drei Jahrhunderten unverändert. Es handelt sich um eine Fotografie. Es gibt kein Innen. Der geniale Glanz des Realismus, darin ist Holbein Meister. Ich stelle mir das Staunen seiner Zeitgenossen vor. Solch eine Ähnlichkeit!

(Es scheint, dass einige Käufer sich über die mangelnde Ähnlichkeit in Rembrandts Porträts beschwerten. Wie soll die Ähnlichkeit aussehen, was soll sie ähneln?)

*

18. Warum stelle ich Rembrandt darüber, anderswohin, rücke ihn von den anderen ab? Seit jeher?

Keinerlei Realismus: Was er malt, ist eine Frau, verborgen unter der Erscheinung Bathsebas. Er malt genau den Augenblick, der vorüberhuscht, den Augenblick, der die Tür zur Ewigkeit ist. Die Ewigkeit ist im Augenblick.

Wahrhaft kein Realismus bei Rembrandt. Wie weit, wie sehr es die Seele ist, die er malt, die Seele aus Fleisch und Licht, das sieht man an seiner Gleichgültigkeit gegenüber der »realistischen Beschreibung« des Körpers. Die Haltung ist unmöglich. Ich habe es versucht. Aber das ist nicht wichtig. Es ist die Seele, die die Schenkel zusammenpresst.

Er malt eine Frau, die von einem Brief getroffen, außer sich gebracht ist, und er nennt sie – wir nennen sie – Bathseba.

Er malt Bathsebas brüskiertes Herz. Er malt die leichte und ungewisse Intensität.

Rembrandt malt das Geheimnis: die Spur dessen, was uns entgeht: er malt stets, was uns entgeht: was soeben geschehen ist, was gleich geschehen wird und uns plötzlich durchfährt, uns durchbohrt, uns umwirft, entflieht – jenseits des Gemäldes, jenseits des Denkens, und uns taumelnd da zurücklässt, in der Schwebe, leicht von seiner Berührung gestreift, er malt den Körper, der übrig bleibt, vielleicht die sterbliche Hülle, vielleicht den Leichnam.

Das Gemälde ist der Ort des Übergangs.

*

19. Und um das zu malen, muss man gestorben sein.

Er malt wie ein Gestorbener. Wie ein Dichter. Wie ein Toter.

Deshalb rückt van Gogh Rembrandt von den anderen ab, anderswohin:

»Rembrandt bleibt der Natur treu, selbst wenn er – auch da und noch mehr – in die Höhen geht, in die höchsten Höhen, in unendliche Höhen geht, aber dennoch – Rembrandt konnte es auch noch anders machen, wenn er nicht das Bedürfnis verspürte, treu zu bleiben, im buchstäblichen

Sinne des Wortes, wie beim Porträt, wenn er *dichten* durfte, Dichter, sprich, Schöpfer sein konnte.

Das ist er in der *Jüdischen Braut.*

[...] Welch edles Gefühl von unermesslicher Tiefe. Um so zu malen, muss man mehrmals gestorben sein, dieser Spruch dürfte auf ihn zutreffen.

Rembrandt dringt so weit ins Mysterium vor, dass er Dinge sagt, die keine Sprache ausdrücken kann. Zu Recht nennt man Rembrandt: den Zauberer ... Das ist kein leichter Beruf.«[14]

Der Todesberuf ist nicht leicht. Was heißt das?

Zum Beispiel dies: Rembrandt malt Bathseba nicht mit dem Appetit des Verlangens. Er malt sie mit der aufmerksamen Liebe zur Kreatur, zum Wunder des Existierens. Die tiefe staunende Verwunderung, glanzlos fröhlich, fast fromm vor dieser Erfindung: das menschliche Wesen. Nichts Königliches. Nichts Außergewöhnliches. Der nüchterne Glanz des Gewöhnlichen. Was es Wunderbares gibt: die gewöhnliche Verwandlung: diese Personen verwittern, sie unterliegen der Veränderung, der Zeit. Die Zeit ist an der Arbeit. Und nicht nur die Zeit. Alles, was uns unablässig von innen her malt. Alle Schläge und alle Botschaften, die ans Herztor schlagen und von innen die verstörte Nervenunrast malen, die man Seele nennt. (Die Seele, unsere Fähigkeit zu leiden, sagt Zwetajewa.)

Was in Bathseba aufsteigt, was der Brief in ihren Körper gegossen hat, in ihre Organe, in ihr Gehirn, und was in ihrem Körper, ihrem Gesicht, ihrer Braue von innen her arbeitet.

Dem lauscht sie: dieser Umwandlung in ihr selbst. Die noch neu, beweglich, vorübergehend ist. Sie weiß nicht, wer sie später sein wird.

Durchzogen.

Durchzogen, auch Matthäus? Durchbohrt. Gespannt. Ganz Ohr.

Er malt uns lauschend, wie wir uns verändern.

Einerseits malt er
Das schwere
Schweigen
Bathsebas

*

20. Andererseits malt er *die Stimme, die schreiben macht.*

– Die Stimme – Wie malt man die Stimme?

– Man sieht die Stimme nicht.

Rembrandt malt die Stimme, die man nicht sieht.

malt, was man nicht sieht.
sieht?
malt, was im Innern spricht …
das Wort Den Engel

*

Ich sehe den *Evangelisten Matthäus mit dem Engel*

Was ich liebe, ist: die Nähe des Unsichtbaren.

Und die Hand auf der Schulter. Die Hand der Stimme. Denn das Mysterium der Stimme ist dies: dass sie uns berührt. Und auch dieser Engel so nah, so Fleisch, – der nur ein Kopf und eine Hand ist: (Der Körper … wir stellen ihn uns vor. Der Engel, ich meine die Stimme, die Körper ist: »auf Zehenspitzen«. Er ist die Spannung. Zum Ohr hin, das gemeint ist.)

Ich nähere mich: die Wahrheit ist, dass der Engel ein Teil vom Heiligen Matthäus ist. Dieser Mann hat ein enormes quadratisches Kreuz. Er atmet die Kraft, die Rauheit, den Wind. Er geht von der Straße und aus dem Wald an den Schreibtisch. An seine Wangen schlug die Luft. Unwetter färbten sie. Ein Erdmatrose, würde man denken, ein Holzfäller, ein Riese, den Zärtlichkeit bändigt. Ein schöner schwerer Mann, den die Gnade berührt hat. Der Engel ist seine Gnade. Rembrandt malt buchstäblich: Was Metapher war, wird Fleisch. Die Stimme kommt von sehr fern, sehr nah. Mit seinem ganzen Gewicht, mit seiner ganzen Stirn, mit seiner ganzen Mähne hört der Mann. Die Stimme (des Engels) geht ihm durch die Kehle.

Rembrandt malt diese mysteriöse Sache, die den Körper in Bewegung bringt: den Schöpfungszustand. Schreiben, denken ist im Zustand der Erwartung dessen sein, was noch nicht gekommen ist, sich aber ankündigt – Ankündigung und Bevorstehen – eine Kraft, die stärker ist als ich, kommt mir im Rücken an. Und – ahne ich – ebenso beim Malen, mit dem Engel an der Schulter und den Augen, die hören und nicht sehen.

Das ist auch die Haltung des *Meditierenden Philosophen*. Der Philosoph »hört«. Er ist nur ein Ohr. Alles ist Gehör. Leicht vom Licht abgewandt, vom Buch – und von der Büste. Also zum Mund gewandt – dunkles Ohr …

Was ist ein »meditierender Philosoph«?

Eine dunkle Muschel.

Die Meditation findet unten am Ende der Treppe statt.

*

21. Wir, haben wir ein wenig den Kopf verloren?

Wir sind ja auf dem Weg zum fremdesten zum gewaltsamsten Unseresgleichen.

Der Ochse. Der Einsame. Der Umgestürzte. Der Akrobat. Der Gelähmte. Der antike Chor. Die Wahrheit. Du, so wie ich dich sehe, wenn ich dich so sehe, wie du in Wahrheit bist: und dafür muss ich die Vorhänge beiseiteziehen, dich enthäuten, dich öffnen – (nur mit dem Blick). Und dann sehe ich natürlich mich, uns, nackt, unser Nacktsein, großartig, unsere gefesselte Macht, unsere strahlende Blindheit.

Warum lieben wir den *Geschlachteten Ochsen* so? Weil er, ohne dass wir es wüssten oder wollten, unsere anonyme Menschlichkeit ist. Wir sind nicht Christus, nie, Christus … nein, ich werde nicht von ihm sprechen.

Wir sind diese Kreatur, die selbst umgedreht und enthauptet und unter der Erde aufgehängt, – wird sie mit diesen Augen gesehen, die das Untere nicht verwerfen, die nicht das Hohe vorziehen –

ihre Majestät bewahrt.

Dies ist das Porträt unserer Sterblichkeit. Das (an den Fußfesseln) aufgehängte Wesen, umgedreht, zweimal enthauptet.

Was aus uns unter Axt und Schlachtermesser wird.

Es gibt eine Schlachterei auf unserem Lebensweg. Als Kinder gingen wir schaudernd an der Auslage beim Schlachter vorbei. Später wollen wir den Tod vergessen. Wir schneiden den Toten in Stücke und nennen ihn Aufschnitt.

22. Und der Vorhang? Oder der Rahmen?

Um den Ochsen zu sehen, müssen wir das Bild betreten. Der Ochse ist gerahmt. Der Rahmen ist innerhalb des Gemäldes.

Das Bild hat zwei Türen. Eine vorn. Eine im Hintergrund. Treten wir ein. Wir treten durch die vordere Tür ein. Wir stehen im Keller. Der Ochse ist ein Leuchter, ein enormer Hängeleuchter. Er ist das Gestirn dieser Nacht. Er strahlt aus.

*

Der Ochse ist schön.

Der Ochse leuchtet in der Dunkelheit. Wo? Hinterzimmer? Keller? Grab? Der Ochse ist ein gigantischer Barren Fleisch.

Der Ochse ist gefesselt. Der Ochse ist nackt.

Wen betrachten wir? Die Wahrheit Samsons, oder Rembrandts. Die Blinden, die Ausgelieferten, die Machtvollen, die abgeschlachtet wurden. Die Angeschauten. Die durch ihre großartige Ohnmacht uns entzücken.

der Besiegte funkelt. (Der Starke Besiegte)

Nichts ist weniger »realistisch«. Das zu malen. Mit welcher Bewunderung. Welcher Liebe.

Der Ochse ist in die Tiefe gestürzt. Und es gibt keine Engel. Der große Körper ist abseits. Alles bestärkt den Eindruck, dass man ihn ganz allein gelassen hat.

Mit einem Mal sehe ich: Es handelt sich um unsere Gefangenschaft.

23. Der Ochse ist blendend. Der Ochse ist schwer von Licht.

So sehr, dass man nicht den Kopf der Frau sieht – der sich vorsichtig in einem schwachen Lichtschein nähert.

Das Licht scheint der lichte Schatten zu sein, den das Fleisch wirft.

In »Wirklichkeit« kommt es wohl von hinter der Tür.

Die Frau steckt den Kopf durch die Tür, um zu sehen? Verstohlenheit. Als schaue sie an, was man nicht anschauen darf.

Heimlicher Blick: die Neugier fragt sich: Ist er da? Wer ist da? Was ist da verborgen?

Einerseits der mächtige Körper, die Inkarnation der abgeschlachteten Mächtigkeit, an den Füßen aufgehängt. Warum hängt man den Ochsen »mit dem Kopf nach unten« (mit der Kopfabwesenheit nach unten?)

Andererseits der kleine Kopf ohne Körper, die Frage.

Aber man sieht sie nicht. Das Strahlen des Ochsen zieht all meine Blicke auf sich. Zieht uns an. Wir sind von dem offenen Ochsen angezogen wie von der erleuchteten Hofeinfahrt eines Palasts.

Das Licht ruft. Wir treten vor. Treten wir ein.

Hier ist alles Gold und Purpur.

Wir sind in der Brust.

*

24. Vor mir liegt der dämmrig wirre Raum aus dunklen Schichten fetten Goldes, durchspukt, so scheint es, in den fernen Purpurn der Leinwand, von scharlachfarbenen schlachternackten Stiegen in der geologischen Materie, der Boden senkrecht wie ein tiefer Wandbehang, Vergangenheit über Vergangenheit, meine Minen, meine Reserve, schwer zugänglich, doch wenn ich hingelange, ein Bronn von Gedanken, Leidenschaften, Verwandtschaften, vor mir mein persönliches Ausland: Alles in dem nahen Dort ist meines, alles ist mir fremd: alles, was ich in seinem Teig aus Nacht erstmals unterscheide, erkenne ich wieder. Die Welt vor mir, so groß, ist inwendig, es ist das unermessliche, grenzenlose Leben, das hinter dem begrenzten Leben verborgen liegt.

Sehen Sie die Stufen? Rechts sagen uns einige dunkle Stufen, dass wir unten sind, im Keller. Dunkle absteigende Stufen.

Hier aber gehen wir hinauf. Diese Stufen dort, die inneren Stufen, die aus Gold und Purpur sind, führen uns nach oben, zum Schoß des Tempels.

Was wohnen wir bei? Einem Mysterium. Einer feierlichen Repräsentation.

Dies ist nicht die Kreuzigung.

Dies ist die Passion nach Rembrandt. Trauer und Transfiguration des Ochsen.

*

Dort, in der Höhle, dort erahne ich:
Was sucht er von Bathseba zu malen?
Ihre Einsamkeit eines geschlachteten Ochsen.
Bathseba oder der geschlachtete Ochse.

Hélène Cixous

P.S. Beim Lesen der großen Kataloge suche ich den *Geschlachteten Ochsen*. Zum Beispiel in dem schönen Band von Gerson über Rembrandt.[15] Ich gehe den Index durch. Der Autor hat das Werk nach Rubriken geordnet: Porträts: Selbstbildnisse, Männerbildnisse, Frauenbildnisse, Kinderbildnisse; Gruppen … (ich suche den Ochsen), Landschaften … Endlich finde ich ihn: er ist in Interieurs, in Begleitung des *Meditierenden Philosophen*.

Das letzte Bild oder das Porträt Gottes

Ich möchte schreiben wie ein Maler. Ich möchte schreiben wie malen.

Wie ich leben möchte. Wie es mir vielleicht manchmal zu leben gelingt. Oder vielmehr: wie mir manchmal zu leben gegeben ist, in der absoluten Gegenwart.

Im Ereignis des Augenblicks.

Just im Moment des Augenblicks, in dem, was ihn öffnet, setze ich mich dann lasse ich mich gleiten in die Tiefe des Augenblicks selbst.

So lebe ich, so versuche ich zu schreiben. Wer im Schreiben auf den Augenblick bezogen ist, die oder der ist für mich die beste Begleitung.

Was ist ein Maler? Ein Augenblicksvogelfänger.

> »… umso deutlicher sehe ich, wie hart ich arbeiten muss, um wiederzugeben, was ich suche: die ›Augenblickshaftigkeit‹, vor allem die Hülle, dasselbe über allem liegende Licht …«[16]

Es ist Monet, der dies 1890 sagt: was ich suche, die Augenblickshaftigkeit … dasselbe über allem liegende Licht, dasselbe Licht, dasselbe Licht.

Es gibt ein literarisches Werk, welches mir teuer ist, es ist das von Clarice Lispector. Sie hat *Agua Viva* geschrieben. Dieses Buch gibt zu malenschreiben vor; gibt vor, über die Geste des Schreibens als Geste des Malens zu arbeiten; ich sage »gibt vor«: Man kann stets nach der Wirklichkeit der Sache fragen. Einer Geste des Malens ähnelt dieses Buch insofern, als es ein Buch aus Augenblicken ist, ein Buch, aus dem jede Seite herausgelöst werden kann wie ein Bild. Clarice sagt:

> »Jedes Ding hat einen Augenblick, in dem es ist. Ich will dieses *Ist* des Dinges in Besitz nehmen.«[17]

Ich will die dritte Person des Präsens in Besitz nehmen. Das ist für mich die Malerei, die Chance, sich der dritten Person der Gegenwart zu bemächtigen, der Gegenwart selbst.

Aber im Leben lässt sich nur im Liebesakt – durch die klare Sternenzerstreuung dessen, was man fühlt – die Unbekannte des Augenblicks fassen, die hart ist wie Kristall und die Luft zum Schwingen bringt, und das Leben ist dieser unbeschreibliche Augenblick, größer als das Ereignis an sich.[18]

Wer kann dies schreiben: Mein Thema ist der Augenblick? mein Lebensthema. Ich versuche, mit ihm Schritt zu halten, teile Tausende von Malen in so viele Male wie die vorbeigehenden Augenblicke, fragmentarisch, wie ich bin, und prekär die Momente.[19] Vielleicht ist es Clarice Lispector, vielleicht ist es Monet.

Ich möchte im Lebendigen des Lebens schreiben; ich möchte im Meer sein und es in Worten wiedergeben. Das ist unmöglich. Ich möchte den rosa Strand und den perlmutternen Ozean schreiben. Es ist Februar. Es ist völlig unmöglich. Meine Worte können Ihnen nicht den Strand erzählen, der sich zugleich unendlich und doch endlich wie ein immenser Teppich aus rosa Sand entrollt. Meine Worte sind farblos. Kaum klangvoll? Was ich Ihnen erzählen kann, ein Maler würde es Ihnen zeigen.

Ich möchte Ihnen das Herz brechen mit der prächtigen Ruhe eines menschenleeren Strandes. Ich kann es nicht tun, ich kann es nur sagen. Ich kann nur das Begehren sagen. Der Maler aber kann Ihnen das Herz brechen mit der Epiphanie eines Meeres. Es gibt ein Rezept:

> »Um das Meer wirklich zu malen, muss man es jeden Tag zu jeder Stunde und am selben Ort sehen, um sein Leben an jenem Ort dort kennenzulernen.«[20]

Das ist Monet. Monet, der weiß, wie das Meer zu malen ist: wie das Selbst des Meers zu malen ist.

Umsonst sage ich Ihnen: Felsenküste, Löwenfels, Belle-Île. Und das grüne Wasser und der schwarze Löwe sinken nicht weiter und weiter in Ihr Herz. Ich sage Ihnen die Felsen von Belle-Île. Doch die Ewigkeit glitzert nicht unversehens auf, rinnt nicht weinend durchs Auge bis in Ihres Körpers Grund.

Mit einem Heuschober sage ich Ihnen »Heuschober«, ich offenbare Ihnen nicht die untergehende Sonne, ich berausche Sie nicht mit der Entdeckung der Farben des Lichts, ich bringe Sie nicht zum Lachen, ich bringe Sie nicht zum Weinen. Ich schreibe.

Ich liebe die Malerei wie die Blinden die Sonne lieben müssen: sie spürend, sie atmend, sie durch die Bäume gehen hörend, sie anbetend, mit Bedauern und Schmerz, sie mit der Haut kennend, sie mit dem Herzen sehend. Ich male nicht. Ich brauche die Malerei. Ich schreibe zur Malerei hin. Ich wende mich zum Licht. Zur Sonne. Zur Malerei.

Der Blinde sieht die Sonne nicht? Auf andere Weise sehen die Blinden die Sonne. Und vielleicht male ich, wenn ich schreibe, auf andere Weise. Ich male im Dunkeln. Doch das ist meine blinde Art, das Licht zu rufen.

Ich rufe an.

Es gibt Mimosen im Garten. Ich möchte sie dir so gerne zu sehen geben.

Ich bin nur eine Dichterin, ich bin nur eine arme Malerin ohne Leinwand ohne Pinsel ohne Palette.

Doch nicht ohne Gott; da ich nur Dichterin bin, muss ich zwangsläufig auf Gott zählen, oder auf dich, oder auf jemanden.

Ich rufe: Mimosa! Ich rufe dich an.

Ich sage dir am Telefon: Ich möchte so gern, dass du die Mimosen siehst. Ich sende dir das Wort Mimose, ich hoffe, dass es sich, einmal in deiner Brust angelangt, wieder in die Vision der Mimose zurückverwandelt. Ich bin ein Wesen, das die Mimosen per Telefon malt.

Wäre ich Malerin! Ich gäbe dir jede Mimosendolde in Gänze. Ich gäbe dir meine mimosische Seele bis zum geringsten Zittern der gelben Kugel.

Ich legte dir meine Mimoseele vor Augen, auf die Leinwand. Aber ich male nicht. Ich kann dir von Mimosen nur erzählen. Ich kann das Wort Mimose singen. Ich kann den magischen Namen erklingen lassen, das Wort Mimose: Ich kann dir die Musik der Mimose geben. Ich kann dir schwören, dass (die) Mimose ein Synonym für Halleluja ist.

Und zum Glück gibt es das Wort Mimose! Ich kann dir sagen, dass die Mimose mimt. Ich sage dir auch, dass die Mimose aus Brasilien stammt.

Doch ich kann dir nicht die Augen mit dem Licht der Mimosen nähren. Also flehe ich dich an: Sieh bitte die Mimosen, die ich sehe. Stell dir die Mimosen vor. Was du nicht siehst, sieh es, aus Liebe zu mir. Die Mimose ist die Nymphe des Malers.

Ich bin die ungeschickte Hexe des Unsichtbaren: Meine Hexerei ist ohnmächtig, ohne die Hilfe deiner Hexerei hat sie keine Beschwörungsmacht. Alles, was ich wachrufe, hängt von dir ab, hängt von deinem Vertrauen, deinem Glauben ab.

Ich klaube Worte zusammen, um ein großes strohgelbes Feuer zu entfachen, doch gibst du nicht deine eigene Flamme hinzu, wird mein Feuer nicht brennen, meine Worte werden nicht in hellgelben Funken aufstieben. Meine Worte werden tote Worte bleiben. Ohne deinen Atem über meinen Worten wird es keine Mimosen geben.

Ach! Wäre ich Monet! Ich würde dein Haus mit Mimosen, Glyzinen, Klatschmohn füllen. Mit Palmen. Mit Stroh. Es fehlte ihnen nur der Duft.

Ich schreibe. Doch ich brauche den Maler, um meinen Worten ein Gesicht zu geben. Zunächst schreibe ich, dann musst du malen, was ich dir gesagt habe.

Bin ich eifersüchtig auf die Macht des Malers? Ja. Nein. Ich ahne, wie schrecklich das Malerherz klopft, ahne den Schwindel, die Dringlichkeit. Das ist vielleicht, was ich an der Malerei am meisten liebe: das Herzklopfen. Wäre ich Malerin, welch ein Schmerz! Welche Leidenschaft! Welch unablässige Eifersucht auf den Himmel, die Luft, welch quälende Anbetung des Lichts! Wäre ich Malerin, ich sähe, ich sähe, ich sähe, ich sähe, ich wäre völlig außer mir, immerzu liefe ich zu den Kopfweiden, zu den Kartoffelfeldern. Wäre ich Malerin, wüsste ich unmittelbar, dass Amerika in der Heide liegt.

Da ich keine Malerin bin, gehe ich Umwege über die Texte:

> »Los, komm mit malen auf die Heide, aufs Kartoffelfeld, komm her und geh mal mit hinterm Pflug und hinterm Schäfer her – komm mit ins Feuer gucken – laß Dich durchwehen vom Sturm, der über die Heide weht!
> Ich weiß nichts von der Zukunft, weiß nicht, wie die sein wird, ob alles gut ausgehen wird, aber ich kann doch nicht anders sprechen – suche es nicht in Paris, suche es nicht in Amerika, alles ist ewig dasselbe. Wandle Dich wirklich, aber suche es auf der Heide!«[21]

Das war van Gogh.

Ich würde mich in sehnsüchtiger Mühsal wälzen, wäre ich Malerin unter den Sternen: Wäre ich Malerin, ich stürbe ständig vor Entzücken. Ich lebte in Ekstase, bis mir endlich gewährt wäre, die Sterne *nicht mehr* zu sehen, nicht mehr die silbergraue Wasserseide zu sehen, über die von meinen Füßen weit bis ins Unendliche sich ein feines Sonnenband im Wasser zieht, nicht mehr die hohe Pracht des Sonnenpuders zu sehen, bis mir endlich gewährt wäre, mich im Staub zu verströmen, mich zwischen den wunderbaren Pudern der Erde auszuruhen. Wäre ich Malerin, lebte ich im Feuer, ich würde das Feuer in die Hände nehmen wollen. Ich würde Feuer fangen wollen. Schließlich würde ich das Augenlicht verlieren und Gott dafür danken. Es ist richtig, dass Monet am Ende seines Lebens mit geschlossenen Augen gemalt hat.

Ich bin kurzsichtig. Und obschon ich Gott oft dafür angeklagt habe, danke ich ihm oft dafür. Es ist eine Erleichterung. Meine Kurzsichtigkeit erspart mir die Agonie dessen, der die Geheimnisse des Himmels sieht. Ich schreibe, weil ich kurzsichtig bin: und darum auch, glaube ich, aus Kurzsichtigkeit, dank meiner Kurzsichtigkeit, liebe ich:

Ich bin jemand, der die Sachen von sehr, sehr Nahem anschaut. Mit meinen Augen gesehen sind die kleinen Dinge sehr groß. Die Details sind meine Königreiche. Manche übersehen. Manche, die sehr weit sehen, sehen das sehr Nahe nicht. Ich bin jemand, der die kleinsten Buchstaben der Erde sieht. Auf dem Bauch im Garten sehe ich die Ameisen, ich sehe jedes Füßchen der Ameise. Die Insekten werden meine Helden. Habe ich nicht ein wenig recht? Die Menschen sind göttliche Insekten.

Das Schöne ist, dass so kleine Geschöpfe so groß sein können.

Das ist der Gewinn meiner Kurzsichtigkeit. So tröste ich mich darüber, keine Malerin zu sein. Würde ich so lieben, wenn ich Malerin wäre?

Wie ahne ich, was ich nicht weiß? Die Agonie des Malers? Die Bilder sind es, die mir die Leidenschaft des Malers erzählen. Nicht nur *ein* einzelnes Bild. Sondern vielmehr eine Serie, eine Garbe, eine Bildergarbe, eine Herde, eine Horde, ein Bilderstamm. Ich sehe Monets sechsundzwanzig Kathedralen. Ich weiß nicht, ob *eine* Kathedrale mich hinrisse. Sechsundzwanzig Kathedralen, das ist Galopp.

Und ich ahne den Kampf. Ich sehe den Wettlauf mit dem Licht. Ich sehe die Herausforderung. Ich sehe die Kühnheit.

Der Maler ist der Kämpfer des Rätsels.

Der Maler, der wahre Maler, weiß nicht zu malen. Er sucht das Geheimnis. Er wird sein Leben daransetzen. Der Maler ist immer Parzival. Er geht fort, verlässt den Wald; doch zieht er aus, die Welt umreisend, um in den Wald zurückzukehren. Ich ahne die übermenschliche Aufgabe des Malers: die hundert Kathedralen fassen, die an einem Tag aus der Kathedrale von Rouen geboren werden. Der Geburt zusehen. Sie entstehen sehen. Sie aufeinander folgen sehen. Die Kathedrale in all ihren Tageslichtern in einer Stunde sehen. Es ist zum Sterben.

Dann nimmt er die Kathedrale in Angriff und die Kathedrale greift ihn an.

Das ist der Kampf mit der Kathedrale:

»… es ist mörderisch, ich gebe dafür alles auf, dich, den Garten, die Kinder. Und außerdem habe ich, der ich nie geträumt habe, Alpträume, die Kathedrale stürzte auf mich, sie schien entweder blau oder rosa oder gelb …«[22]

»Herr Monet hat uns seine Kathedralen gezeigt. Es sind sechsundzwanzig. Sie sind großartig, einige ganz violett, andere weiß, gelb mit blauem Himmel, rosa mit ein wenig grünem Himmel; dann eine im Nebel … Man entdeckt darin jede Einzelheit, sie schweben dermaßen in der Luft.« (Julie Manet)[23]

Die Wahrheit der Kathedrale sehen, die sechsundzwanzigfach ist, und sie aufzeichnen, das heißt die Zeit sehen. Die Zeit malen. Die Hochzeit der Zeit und des Lichts malen. Die Werke der Zeit und des Lichts malen.

Das täte ich gerne, wenn ich Malerin wäre.

Die Sonne geht so schnell. Die Kathedrale wandelt sich so oft. Gerade war sie noch rosa. Und sieh, wie violett und wolkig jetzt.

Und wir sind so langsam.

Das Leben ist so schnell.

»Ich versteife mich auf eine Serie unterschiedlicher Effekte (der Heuschober), doch zu dieser Zeit sinkt die Sonne so schnell, daß ich nicht folgen kann. Die Heuschober ändern sich ständig.«

Der Sonne folgen, die Unterschiede malen. Ich sehe Monet sein Mohnfeld in Angriff nehmen, auf vier Staffeleien montiert. Die Pinsel flattern. Monet rennt.

Und während ich diese Seite schreibe, ist die Sonne verschwunden. Wir, die wir schreiben, sind so langsam. Und ich denke an die magische Schnelligkeit des Malers.

Dies schreibend sagte ich mir, vielleicht sei das, was ich an der Malerei liebte, ihre wahnsinnige Geschwindigkeit. Nun wird man mir sagen, es gibt aber langsame Maler. Ich weiß nicht. Ich weiß nichts. Ich stelle mir nur vor. Doch nur die Schnellen, die die Heuschober auf vier Staffeleien verfolgen, sind mir wichtig.

Und ich denke an die Schnelligkeit und an die Fatalität des Begehrens: mit dem Licht wettstreiten: »Es braucht eine japanische Schnelligkeit.«[24] Nein, das ist nicht Hokusai, das ist van Gogh.

Während ich dies schrieb, hütete ich mich, aus Vorsicht, einen zu großen Schwindel zu vermeiden, davor, in alle umliegenden Felder auszuschweifen, und erst nachdem ich diese kleine Überlegung einmal beendet hatte, habe ich mich belohnt und die Briefe van Goghs wiedergelesen. Ich war überzeugt, dass van Gogh ein Langsamer war. Und dies finde ich:

> »Der Japaner zeichnet schnell, sehr schnell, wie der Blitz, denn seine Nerven sind feiner, sein Empfinden ist schlichter.
> Ich bin erst seit ein paar Monaten hier – aber sag mal: hätte ich in Paris die Zeichnung mit den Booten *in einer Stunde* machen können? Nicht einmal mit Hilfe des Rahmens, und das hier ist gemacht ohne abzumessen, ich habe einfach der Feder freien Lauf gelassen …«[25]
> »Sehr schön, daß Claude Monet es fertig gebracht hat, diese zehn Bilder von Februar bis Mai zu machen.

Schnell arbeiten heißt nicht weniger ernsthaft arbeiten, das hängt von der Sicherheit ab, die man hat, und von der Erfahrung.«[26]

»Ich will Dir gleich von vornherein sagen, daß alle Welt finden wird, ich arbeitete zu schnell. Glaube nichts davon.
Es ist doch die Erregung, die Ehrlichkeit des Naturempfindens, die uns die Hand führt, und wenn diese Erregung manchmal so stark ist, daß man arbeitet, ohne zu merken, daß man arbeitet – wenn manchmal die Pinselstriche in rascher Folge kommen und sich aneinanderfügen wie Worte in einem Gespräch oder in einem Brief, so darf man nicht vergessen, daß es nicht immer so gewesen ist und daß auch in Zukunft viele niederdrückende Tage ohne jede Inspiration kommen werden.
Also muß man das Eisen schmieden solange es heiß ist, und die geschmiedeten Barren beiseitelegen.
Ich habe noch nicht die Hälfte der 50 ausstellungsreifen Bilder, und ich muß sie noch alle in diesem Jahr zusammenkriegen.
Ich weiß schon im Voraus, daß es heißen wird, sie seien zu *hastig* gemacht. […]
Wenn die Gesundheit mir keinen Streich spielt, so werde ich meine Bilder herunter-

hauen, und unter den vielen werden schon welche sein, die bestehen können.«[27]

Und welche Leichtigkeit muss man dazu erreicht haben!

Dazu muss man mit allem gebrochen haben, was zurückhält: die Kalküle, die Rück- oder Seitenblicke, die Hintergedanken, das erworbene, angehäufte, verhärtete Wissen. Und vor allem alle Ängste: Angst vor dem Unbekannten, Angst vor dem Kritiker, Angst, nicht zu wissen, Angst vor dem bösen Blick, »sie werden sagen, ich sei verrückt« (das ist Monet). Die Ängste, von denen löst man sich. Man pfeift auf sie. Man malt schneller, als sie krallen.

Man malt nicht gestern, man malt nicht einmal heute, man malt morgen, man malt, was sein wird, man malt »das Bevorstehen von«.

Und dazu schwingt man sich, ist alles, was bindet, gefallen, aus dem Ich hinaus. Das ist vielleicht die größte Lehre, die uns die Malerei erteilt: sich aus dem Ich hinauszuschwingen. Denn Ich ist die letzte Wurzel, die den Flug verhindert. Oder der letzte Anker. Man muss sich davon lösen, wie man irgend kann, mit einem Hieb, oder lange Zeit am bleiernen Seelenring feilend.

Ich stelle mir vor, dass es für einen Landschaftsmaler einfacher ist, sich zu befreien, als für einen Schriftsteller; der Zauber der sichtbaren Welt ist so machtvoll. Manchmal hängt das Ich des Malers nicht mehr an ihm selbst als ein Milchzahn. Man reißt ihn aus und hopp, ein Sprung, und mitten in der Schöpfung. Man wird gemeinsam geboren. Es regnet. Man weiß nichts. Man ist Teil des Ganzen.

> »Unter diesem feinen Regen atme ich die Jungfräulichkeit der Welt. Ich fühle mich von allen Nuancen des Unendlichen gefärbt. In diesem Augenblick bin ich mit meinem Bild eins. Wir sind ein irisierendes Chaos … Die Sonne durchdringt mich dumpf wie ein ferner Freund, der meiner Trägheit Feuer macht, sie befruchtet. Wir keimen …«[28]

Das war Cézanne.

In jenem Moment, wenn das Ich ihn nicht mehr schwer macht, wird der Maler durchlässig, wird er unermesslich und jungfräulich, und wird Frau. Er lässt das Licht in sich wirken. Dem Prozess ergeben. Er wird zart, er wird Pflanze, er wird Erde, die Sonne schwängert ihn. *Tanta mansidão …*[29]

Doch diese Leichtigkeit, diese aktive Passivität, diese Fähigkeit, kommen zu lassen, die Ergebenheit in den Prozess, wie erlangt man sie? Wir, die wir so schwer sind, so hartnäckig aktivistisch, so ungeduldig. Wie könnten wir jungfräulich und jung und unschuldig werden? Wie könnten wir aus unseren zugemöbelten Gedächtnissen und Wortmuseen zum Garten der Anfänge und des mannigfaltigen Rauschens gelangen?

Das ist unser Schriftsteller-Problem. Wir, die wir mit ganz wortverklebten Pinseln malen müssen. Wir, die wir in einer Sprache schwimmen müssen, die trübe von tausendmal gehörten Sätzen ist, als wäre sie rein und transparent. Wir, die wir jedem Gedanken einen neuen Weg durchs Dickicht der Klischees bahnen müssen. Wir, denen bei jeder Metapher, wie mir in diesem Augenblick, der Fehltritt und das falsche Wort drohen.

Doch es gibt einen Weg. Wir müssen die Welt umrunden, um die zweite Unschuld wiederzufinden. Das ist ein langer Weg. Erst am Ende des Weges kann man die Kraft der Einfachheit oder der Nacktheit wiederfinden. Erst am Ende des Lebens kann man, glaube ich, das Geheimnis des Lebens begreifen. Man muss viel gereist sein, um die Evidenzen zu entdecken. Man muss sich die Blicke gut gerieben und abgescheuert haben, um die Tausende von Schuppen loszuwerden, mit denen wir anfangen, uns die Augen zu schminken.

Es gibt Dichter, die sich darum bemüht haben. Dichter nenne ich jegliches Schriftwesen, das sich auf den Weg macht und sucht, was ich die zweite Unschuld nenne, jene, die nach dem Wissen kommt, jene, die nicht mehr weiß, die weiß und sich darauf versteht, nicht zu wissen.

Dichter nenne ich jeden Schriftsteller, jeden Philosophen, Theaterautoren, Träumer, Traumverwirklicher, der sein Leben als Zeit der »Annäherung« verwendet. Glücklicherweise sind uns genaueste Erzählungen ihrer Abenteuer überliefert. Es gibt Dichter-Maler wie van Gogh. Es gibt Dichter-Dichter wie Clarice Lispector. Wer wissen möchte, wie es einem gelingt, sich den Blick zu säubern, sollte das Buch *Die Passion nach G. H.* von Clarice Lispector lesen.

Man muss viel gewandert sein, um endlich unser Bedürfnis, zu verschleiern oder zu lügen oder zu vergolden, hinter sich zu lassen. Das Vergoldungsbedürfnis hinter sich lassen, das wäre die Passion nach Rembrandt.

In seinen wunderschönen Texten über Rembrandt sagt Genet (wobei er in der Tradition der Lektüre Rembrandts bleibt), im Laufe seines Weges habe Rembrandts Werk anfangs vergoldet, mit Gold bedeckt, später das Gold verbrannt, es aufgezehrt, bis er zu dieser Goldasche gelangte, mit der die letzten Bilder gemalt sind.

Erst am Ende eines menschlichen übermenschlichen das-Vertiefen-des-Lebens-biszum-Ende-Gehen-und-zurück können wir davon ablassen, alles zu vergolden (auch Rimbaud und Clarice wussten es). Und dann kann man anfangen, anzubeten.

Dann wird man zu dem gelangen dürfen, was ich in einem Text mit dem Titel *Limonade es war alles so grenzenlos* den »letzten Satz« genannt habe, jenen, der nur gerade noch mit einem Atemzug am Buch, am Autor hängt. Ein wenig weil ich diesen Text, *Limonade es war alles so grenzenlos*, geschrieben hatte, habe ich mir erlaubt, mich zur Leinwand vorzuwagen. Denn um an etwas zu arbeiten, was für mich der Schatz selbst der Schrift ist, das heißt letzte Sätze, Sätze von Ultimo, die voller Sein sind, zugleich so schwer und so leicht, dass sie für mich kostbarer sind als ein ganzes Buch – um am Mysterium dieser Sätze zu arbeiten, kam ich dazu, mir mit der Malerei zu behelfen. Ich hatte kein anderes helfendes Beispiel gefunden als gewisse lange Wegverläufe, die Maler unternommen hatten, und insbesondere Rembrandt. Und willkürlich oder nicht, hatte ich deutlich zwischen dem unterschieden, was ich *Kunstwerke* und dem, was ich *Seinswerke* genannt hatte. Für mich sind Kunstwerke Verführungswerke, es sind Werke, die großartig sein können, Werke, die wahrhaft dazu bestimmt sind, sich sehen zu lassen. Willkürlich bin ich, wenn ich diesen oder jenen Maler in diese oder jene Kategorie einordne. Für mich ist zum Beispiel das Werk von da Vinci nur Kunstwerk. Das ist vielleicht ein Irrtum. Aber ich wage eine Hypothese: Schauen wir ein Bild von da Vinci und ein Bild von Rembrandt an. Wir werden sehen, wie das Bild von da Vinci uns mit den Augen sucht, uns nicht aus den Augen lässt, unseren Blick fängt, es sind blickfangende Bilder.

Bei Rembrandt erschüttert, wie sehr die Personen, die er angeschaut hat, in der intensivsten Präsenz allein sind, sie haben die Abwesenheit der Intimität, wissen sich nicht angeschaut, schauen im Innern ihres Herzens zur Seite des Unendlichen hin. Über diesen zweifachen Weg bin ich dazu gekommen, mir zu sagen, dass das, was mir in der Kunst am wichtigsten ist, die Seinswerke sind: Werke, die es nicht mehr nötig haben, sich auf die Herrlichkeit oder ihren meisterlichen Ursprung zu berufen, signiert zu sein, zurückzukehren, wieder zu ihrem Autor zurückzukommen, um ihn zu rühmen. Deshalb hatte ich in den Text, in dem ich das verhandelt hatte, wie einen Edelstein den Satz eingeschrieben: »Limonade es war alles so grenzenlos ...«, ein Satz, der mir alles bedeutete, den Anfang und das Ende, das ganze Leben, das Genießen, die Sehnsucht, das Begehren, die Hoffnung – ein *nicht signierter* Satz Kafkas, ein seiner Hand entfallener Satz, seiner Menschenhand, in dem Moment, als er nicht danach strebte, Schriftsteller zu sein, in dem Moment, als er Franz Kafka selbst jenseits des Buchs war. Wenn diese Sätze trotz allem aufgelesen und gedruckt worden sind, dann weil Gott, da ihm die Stimme fehlte, Kafka auf Papierfetzen kritzeln ließ, im Moment, da er im Sterben lag, was ihm durch den Kopf ging: Und jene, die um ihn waren im Moment, da er fortging, haben diese Papierfetzen gesammelt, die für mich die schönsten Bücher der Welt sind. Diese feinen, so gelösten Sätze, diese Sätze eines Sterbenden, vielleicht sind sie das in der Schrift höchst seltene Äquivalent dessen, was in der Malerei viel häufiger vorkommt: die letzten Bilder. Am Ende, im Moment, da die Zeit der Schlichtheit erreicht ist, der Anbetung und nicht mehr der Vergoldung, da geschehen dann die Wunder.

Etwas Großartiges ist Hokusai widerfahren. Es ist dies:

> »In Liebe zum prätentiösen Stil von He-ma-mu-sho-Niudo hat sich der Maler Yamamizu Tengo, aus Noshi-Koshiyama, die unverständliche Kunst seiner Zeichnungen zu eigen gemacht. Ich aber, der ich diesen Stil fast hundert Jahre lang studiert habe, ohne davon einen Deut mehr zu verstehen als er, mir ist

indessen dieses Seltsame widerfahren: Ich bemerke, daß meine Figuren, meine Tiere, meine Insekten, meine Fische aussehen, als entstiegen sie dem Papier. Ist das nicht wahrhaftig außerordentlich? Und ein Herausgeber, der über diese Tatsache in Kenntnis gesetzt wurde, hat diese Zeichnungen verlangt, sodaß ich sie ihm nicht verweigern konnte. Glücklicherweise hat der Graveur Ko-Izumi, sehr geschickter Holzschneider, es unternommen, mit seinem scharf geschliffenen Messer, die Adern und Nerven der Wesen durchzuschneiden, die ich gezeichnet habe, und ihnen so die Freiheit nehmen können, sich davonzumachen.«[30]

Was uns vorliegt, als Hokusai zweihundert Jahre überschritten hat, zu der Zeit, als er endlich fünf oder sechs Jahre alt war, das ist ein Ensemble von Zeichnungen, die kaum noch die Wesen, Fische, Insekten oder Menschen in ihren engen Grenzen zurückhalten.

Worin kann ich mich dem Maler nah fühlen (dem, den ich liebe, der nach Malerei verrückt ist, verrückt nach Zeichnung, der Nichtweltliche, der Himmlische, der Luftige, der Entbrannte)?

Zunächst in dem Bedürfnis, nicht zu lügen, nicht schreibend zu verschleiern. Was nicht heißt, dass es mir gelänge, nicht zu lügen. Es ist so schwer, nicht zu lügen, wenn man schreibt. Und vielleicht ist es sogar das Bedürfnis zu schreiben, um weniger zu lügen, um die Schuppen abzukratzen, die allzu reichen Wörter, um zu ent-dekorieren, zu ent-schleiern. Aus Bedürfnis, nicht das Sujet der Schrift, der Malerei, den Gesetzen der kulturellen Verzagtheit und der Gewohnheit zu unterwerfen.

Aus Bedürfnis – was nicht heißt, Ausführung – nicht hübsch, nicht sauber zu machen, wenn es das nicht ist; es nicht so zu machen, wie es sich gehört. Sondern es um jeden Preis so zu machen, wie man es wahrhaft hört, und noch mehr, wie sie es wahrhaft hört.

Rembrandt, von dem es heißt, er sei nicht sehr verwegenen Gemüts gewesen, der als Maler aber absolut frei war, hat nackte Frauen gezeichnet und gemalt, die ich bewundernswert schön finde, doch nicht alle waren dieser Ansicht. Das sagt ein Zeitgenosse:

> »Rembrandt … wollte sich nie an die Muster Anderer binden, und nicht einmal den ausgezeichnetsten Beispielen Jener folgen, welche sich mit der Darstellung des Schönen einen ewigen Ruhm bereitet, sondern er begnügte sich, die Natur nachzuahmen, so wie sie ihm erschien, ohne dabei wählerisch zu sein.

Mit Bezug darauf bemerkt auch der Dichter Andries Pels in seinem Lehrgedichte ›Gebruik en Misbruik des Toneels‹ (S. 36) sehr geistreich über ihn: ›Malte er, wie dies zuweilen geschah, eine nackte Frau, so wählte er keine griechische Venus zu seinem Modell, sondern eher eine Wäscherin oder Torftreterin aus einer Scheuer und nannte seine Bizarrerie: Nachahmung der Natur; alles Uebrige war ihm eitle Verzierung. Schlaffe Brüste, unförmliche Hände, ja die Spuren der Gürtelbänder der Röcke am Bauche und der Strumpfbänder an den Beinen mussten sichtbar werden, wenn der Natur Genüge gethan sein sollte, das heisst seiner Natur, welche keine Regel und keine Grundsätze von Ebenmass an dem menschlichen Leibe dulden wollte.‹

Ich lobe Pels' Offenherzigkeit und ersuche den Leser, mein freimüthiges Urtheil auch zum Besten zu deuten, da es ja nicht aus Hass gegen des Mannes Werke ausgesprochen wird, sondern um die verschiedenen Ansichten und die mannigfachen künstlerischen Auffassungen mit einander zu vergleichen und den Lernbegierigen zur Nachahmung des Ruhmwürdigsten anzuspornen. Denn hiervon abgesehen muss ich mit dem vorgenannten Dichter sagen:

›Welch ein Verlust war es für die Kunst, dass sich eine solche Meisterhand ihrer angeborenen Kraft nicht besser bediente! Denn wer übertraf ihn an Begabung! Aber je grösser das Talent, desto grösser seine Verirrungen, wenn es sich an keine Regel, an keine Grundsätze bindet, sondern Alles aus sich selbst zu wissen vermeint!‹« (Arnold Houbraken 1719)[31]

Und in unserer heutigen Epoche denkt man wie jener angepasste Biograf, allerdings mit einem kleinen Unterschied: denn die Maler dürfen die Nacktheit einer Frau betrachten, ihre Nacktheit just, wie sie ist. In der Schrift ist das jedoch noch nicht ganz und gar erlaubt.

Was hat meine Schreibgeste mit der Geste des Malenden gemeinsam?

Die Sorge um die Treue. Treue zu dem, was existiert. Zu allem, was existiert. Und Treue, das ist die gleiche Achtung vor dem, was uns schön *scheint*, und dem, was uns hässlich *scheint*. Ich sage sehr wohl *scheint*.

Aber unter dem Pinsel, unter dem Blick, im Licht der Achtung, gibt es nichts Hässliches, das uns nicht gleichermaßen schön scheint.

Die Malerei kennt das Hässliche nicht.

Nicht das Schöne ist das Wahre. Das Wahre ist das … ich will nicht sagen Schöne. Das mit Achtung und ohne Hass und ohne Ekel betrachtete Hässliche ist dem »Schönen« gleich. Das Nicht-Schöne ist auch schön.

Oder vielmehr gibt es kein schöneres Schönes als das Hässliche. In der Malerei wie in der Schrift gibt es keine andere »Schönheit« als die Treue zu dem, was ist. Die Malerei gibt wieder – doch was sie wiedergibt, ist Gerechtigkeit, sie wird dem gerecht, was ist. Alles was ist: die Kathedrale, der Heuschober, die Sonnenblumen, das Ungeziefer, die Bauern, der Stuhl, das enthäutete Rind, der enthäutete Mensch, die Küchenschabe.

Denn alles, was geliebt ist, alles, was Gnade findet, ist gleich: »schön«. Alles, was wir nicht von uns stoßen.

Wir sind es, die entscheiden, dass dieses schön und jenes hässlich ist. Wir mit unserem egoistischen Ekel und Geschmack.

Doch alles ist gleich, für Gott und für den Maler. Und dem Dichter wird diese Lehre oft von der Malerei erteilt. Das Hässliche zu lieben mit einer Liebe von gleich zu gleich.

Alles, was (recht betrachtet) *ist*, ist gut. Ist faszinierend. Ist »schrecklich«. Das Leben ist schrecklich. Schrecklich schön, schrecklich grausam. Alles ist wunderbar schrecklich für den, der die Dinge so anschaut, wie sie sind.

»Ich arbeite wie ein Irrer an sechs Leinwänden täglich. Ich gebe mir *schreckliche* Mühe, denn es gelingt mir noch nicht, den Ton dieses Landes zu fassen; in manchen Augenblicken bin ich *entsetzt von den Tönen*, die ich verwenden muss; ich habe Angst, ziemlich *schrecklich* zu sein und indes bin ich doch weit darunter: es ist *ein Schrecken aus Licht* … welch Glück hier, jeden Tag denselben Effekt wiederzufinden und *fortfahren und mit ihm ringen zu können* …«[32]

Das war Monet.

Die Welt so zu sehen, wie sie ist, das verlangt Kräfte, Tugenden. Welche? Geduld und Mut.

Die Geduld, die man haben muss, um sich dem Unscheinbaren, Winzigen, dem Unbedeutenden anzunähern, um den Wurm als Stern ohne Glanz zu entdecken. Um den Wert der Heuschrecke zu entdecken.

Die Geduld, die man braucht, um das Ei zu sehen. Das Ei, das uns auf den ersten Blick langweilen könnte wie ein Kieselstein. Es braucht eine Geduld, um das Ei zu betrachten, um darüber zu brüten, um die Henne im Ei zu sehen, um in dieser Schale die Geschichte der Welt zu sehen. Es braucht eine andere Geduld, um das absolute Ei zu sehen, das Ei ohne Henne, das Ei ohne Zeichen, das nackte Ei, das eierne Ei, das

Ei-Ei. Und mit dieser Geduld kann man hoffen, Gott zu sehen.

Und der Mut?

Der Mut ist das Größte. Es ist der Mut, Angst zu haben. Die beiden Ängste zu haben. Zunächst braucht man den Mut, Angst davor zu haben, dass es schmerzt. Man darf sich nicht verteidigen. Die Welt ist zum Leiden. Nur durch Leiden erkennen wir manche Gesichter der Welt, manche Ereignisse des Lebens; den Mut zu zittern, zu schwitzen, zu weinen, den braucht Rembrandt wie Genet. Und Clarice Lispector braucht den Mut, vor dem Bettler mit dem amputierten Bein Ekel und Liebe zu empfinden, Ekel und Liebe zum Stumpf, das Grauen vor der Ratte, das auch das Annehmen der Ratte ist. Schreibenden verlangt das Annehmen der Ratte viel größere Mühe ab als dem, der im Voraus die Ratte angenommen, sie zu malen angefangen hat. Wer schreibt, kann sich sehr gut die Augen verdecken.

Und es gibt auch die andere Angst, weniger laut, die brennendere: Die Angst, die Freude zu erreichen, die scharfe hohe Freude, die Angst, sich vom Verzücken hinreißen zu lassen, die Angst, anzubeten. Daher darf man keine Angst haben zu spüren, wie diese Angst uns das Blut in den Adern brennen lässt.

Ich spreche von dem, was uns zu sehen gegeben ist, das Schauspiel der Welt. Vielleicht ist es leichter für einen Maler als für den Schreibenden, nicht zu hierarchisieren.

Vielleicht fällt es der Malerei leichter als dem Schreiben, nicht die Schildkröten zu vergessen. Das Schreiben ist schrecklich menschlich. Die Sprache ängstigt vielleicht mehr und schmerzt mehr? … ich weiß nicht …

Man kann die Freude sagen. Kann man sie malen? …

Ich spreche von Treue.

Doch vielleicht ist die seltenste, großherzigste Treue jene, die man zur Wirklichkeit der Menschenseele haben könnte. Wie schwierig ist es, nicht zu hassen! Dem anderen kein Wolf zu sein. Wie schwer, und wie sehr braucht man für den Verräter oder den Halunken, den Henker, Rembrandts zärtliche, ruhige Augen, für jene, die ihn liebten, für jene, die ihn verrieten. Vielleicht ist Rembrandt Shakespeare? Ich dachte, dieser mein Gedanke sei unverfroren. Doch van Gogh hatte ihn vor mir gedacht.

»Ich habe schon *Richard II*; *Heinrich IV.* und die Hälfte von *Heinrich V.* gelesen. Ich lese, ohne darüber nachzudenken, ob die Ideen der Menschen jener Zeit dieselben sind wie unsere, oder was daraus werden würde, wenn man sie republikanischen, sozialistischen oder anderen Anschauungen gegenüberstellte. Aber vor allem bewegt mich, wie auch bei gewissen Romanschriftstellern unserer Zeit, daß die Stimmen dieser Menschen, die ja im Falle Shakespeare aus einer Entfernung von mehreren Jahrhunderten zu uns dringen, nichts Fremdes für uns haben. Es ist so lebendig, daß man meint, man kenne diese Menschen und sähe alles mit eigenen Augen.

Auch das, was unter den Malern allein oder fast allein Rembrandt hat, findet man oft bei Shakespeare – diese Zartheit im Blick der Menschen wie in den *Jüngern von Emmaus*, in der *Jüdischen Braut* oder in der seltsamen Engelsgestalt auf dem Bild, das Du zu sehen gekriegt hast – diese schmerzliche Zartheit, dieses halbenthüllte übermenschliche Unendliche, das dann so natürlich erscheint. Und dann die ernsten oder heiteren Porträts, wie Six oder wie der Wanderer oder wie Saskia, das gibt es auch so oft bei Shakespeare.«[33]

Das war van Gogh kurz vor seinem Tod.

Treu sein wie Shakespeare Lady Macbeth, dem König Lear, Shylock treu ist.

Schaffen ohne Kommentar, ohne Verurteilung, ohne Deutung.

Die Finsternis so achtend wie das Licht. Ohne mehr oder besser zu wissen.

Ich beneide den Maler: die Demut, das heißt die Klarheit des Blicks, der richtig sieht, ist ihm leichter gewährt als dem Schreibenden: weil der Maler stets geschlagen wird. Er sieht sich geschlagen. Der Kampf, der ihn der Welt entgegenwirft, entlässt ihn immer wieder wankend vor Erschöpfung. Hat er nicht stets das Bild vor sich, das er noch nicht gemalt hat? Die siebenundzwanzigste Kathedrale, um ihn daran zu erinnern, dass ihm immer eine Kathedrale entgangen sein wird?

Hat er nicht das Bild vor Augen, das er nicht malen wird, das ihm unter dem Pinsel entwischt? Jenes, das er morgen malen wird, morgen, so Gott will, oder nie?

Es gibt Maler, die für mich die Wanderer der Wahrheit sind. Sie haben mir Lehren erteilt.

Wen nenne ich Wanderer der Wahrheit?

Den, der während der letzten zehn Jahre seines Lebens die Seerosen gemalt hat. Den, der die Seerosen bis zum letzten Bild gemalt hat. Bis zu seinem Tode. Und dann: »Das Meer, ich möchte immer davor oder darüber sein, und wenn ich gestorben bin, möchte ich in einer Boje begraben werden.«[34] Das ist der Wunsch Monets, der zur Möwe, zur Seerose wird.

Den, der hundert Fujis gemalt hat. Den, der die Karte von China unterzeichnet hat: »Der

Greis Manji, verrückt nach Malerei, Wanderer aus Katsushika, einundachtzig Jahre alt.«

Den, der bis zum letzten Bild sucht.

Den, der mit der rechten Hand, mit der linken Hand, mit den Nägeln malt. Es ist Hokusai.

Den, der weiß, dass er nicht finden wird, weil er weiß, wenn er fände, müsste er nur wieder weiter nach dem neuen Geheimnis suchen. Den, der weiß, dass er weitersuchen muss.

Den, der nicht mutlos wird und nicht ermüdet.

Ich liebe ihn, der es wagt, den Geheimnissen des Lichts mithilfe eines einzigen Sujets nachzustellen, bloß mit ein paar Seerosen bewaffnet.

Und die Lehre ist: Man malt keine Ideen. Man malt kein »Sujet«. Man malt keine Seerosen. Und genauso: keine Ideen schreiben. Es gibt kein Sujet. Es gibt nur Geheimnisse. Es gibt nur Fragen.

Kandinsky sieht die Heuschober:

> »und plötzlich sah ich zum ersten Mal ein Bild … ich hatte das dunkle Gefühl, daß dem Bild der Gegenstand fehlte … Der Gegenstand als notwendiges Element des Bildes hatte hier seinen Wert verloren …«[35]

Welcher Kampf, Seerosen *malend*, um nicht mehr »Seerosen zu malen«. Ich meine: um kein Porträt der Seerosen zu malen, wie viele Seerosen muss er gemalt haben, bis die Repräsentation der Seerosen sich abnutzt, bis die Seerosen nicht mehr der Grund, bis sie nicht mehr der Gegenstand, das Ziel sind, sondern die Gelegenheit, die tägliche Seerose, der Tag selbst, mit seinem Licht, das Atom des Tages auf der Leinwand.

Bis diese Seerosen nichts weiter mehr sind als der tägliche Löwe Hokusais: 1843, mit dreiundachtzig Jahren, sagt sich Hokusai, es sei Zeit, seine Löwen zu machen, und jeden Morgen macht er seinen Karashishi, »ich fuhr fort zu zeichnen und hoffte dabei auf einen friedlichen Tag«, und auf diese Weise hat er zweihundertneunzehn Löwen gemacht, bis die Löwen nicht mehr waren, nicht mehr als der Weg der Seerosen zur Unendlichkeit.

Und wie liebe ich den, der gewagt hat, den Maler zu malen, wieder und wieder, bis es ihm beim hundertsten »Selbstporträt« gelingt, den Maler unpersönlich zu malen; und indessen noch nie so menschlich, so nackt menschlich. Bis man nicht mehr denkt: Dies ist ein Porträt Rembrandts von ihm selbst. Bis beim hundertsten Porträt der Name so abgenutzt ist, dass er den Menschen überhaupt nicht mehr verbirgt. Und dieser Mensch ist, wie er ist. Er ist alt und zerstreut und voll, ohne es zu verkünden und vielleicht ohne es wissen, vom Geheimnis des Alters, der Zeit und des Todes.

»Ich war damals in England ohne Geld – im zweiten Krieg. Ich war verzweifelt. Es war im Winter; meine Frau, die viel mutiger, viel jünger ist als ich, die hat gesagt, »wir gehn ins Museum, damit ich mich erholen könnt' von der Misere«; es war wieder ein Zerstören in der ganzen Welt. Nicht allein, daß in London Bomben gefallen sind – das war weniger wichtig – aber daß ich hören mußt', jeden Tag hat man wieder eine Stadt zerstört, wieder Verwüstung, Verheerung. … Das schaut sich bitter an. Und ich seh' dieses letzte Porträt von Rembrandt. Und so grauenhaft; Verwesung. Und so grauenhaft, hoffnungslos. Und so wunderbar gemalt. Und plötzlich fällt mir ein: wenn jemand sich so sehen kann im Spiegel, auch wenn er vergeht, wie nichts, wie die »nothingness«, das Nichts im Menschen – wie das doch so gewaltig sein kann, wie ein Wunder, eine solche Darstellung. Da hab' ich Mut gefaßt. In dem Moment bin ich wieder jung gewesen.«[36]

Das war Kokoschka.

Wie viel Geduld, wie viel Zeit, damit Rembrandt aufhört, Rembrandt zu ähneln, aufhört, sich an Rembrandt zu klammern, und sich allmählich entgleiten lässt, ohne sich zu fürchten, bis zur Ähnlichkeit mit irgendwem, mit niemandem.

Wie viel Liebe zur Malerei, so viel größer als zu sich selbst! Um bis zu den Porträts eines Menschen zu gelangen, der sich anschauen lässt, der sich malen lässt, der sich zu malen gibt, indem er auf sich verzichtet, der sich der Malerei hingibt wie andere Gott. Und wie der Tote der Wissenschaft. Damit sie an seinem Körper Fortschritte macht.

Vielleicht hat Rembrandt davon geträumt, das letzte Porträt des Malers zu malen? Jenes, das allein Rembrandt am Ende seines Lebens hätte malen können? Ich träume davon.

Das Porträt Rembrandts auf seinem Totenbett? Denn in diesem Moment hätte er das Anonymste, das Gegenwärtigste, das Unmittelbarste, das Flüchtigste, das Wesentliche, das Geheimnis des menschlichen Wesens wahrgenommen. Und wenn er fast tot oder schon tot, das heißt ganz und gar von Rembrandts Rest befreit, gemalt hätte, dann hätte er die Malerei selbst gemalt. Er hätte wahrhaft wie niemand gemalt.

Ich träume von dieser Reinheit. Ich träume von dieser Freiheitskraft. Das Rätsel malen. Das Rätselhafte der Malerei. Ich denke an den letzten Rembrandt. Ein Mensch? Oder ein Bild? Ich denke an den letzten Hokusai. Wie nannte jener sich, der den letzten Hokusai malte?

Ich denke an die Serie von Namen Hokusais wie an die Serie von Seerosen. Er hat hundertundeinen Namen gehabt. Zunächst nennt er sich Shunro. Nimmt dann, aus der Schule fortgeschickt, den Namen Kusamara an. Nimmt '95 den Namen Sori an. Hokusai Sori Ga, das heißt Studio des Nordsterns, Quelle der Wahrheit, nennt sich auch Toito, Litsu, Zen Hokusai, Gakyojin Hokusai, dann Tawaraya, Hyakurin, Kanchi und Sori.

Überlässt Sori dann seinem Schüler. Und nennt sich Tatsumasa, Sorobeku, Tokitaro, Gayojin Totogako Zen Hokusai, Sensei Kutsushika Taito, Zen Hokusai Tameitsu Gakyorojin Manji. All diese Namen hatten einen Sinn. Keiner war Hokusai.

Sich folgen, ohne sich umzublicken. Einer nach dem anderen sich fallen lassen.

Immer zukünftig sein. Der Folgende sein. Der Nächste. Sein eigener Nächster sein. Der Unbekannte. Sich überholen. Und sich indessen nicht zuvorkommen. Sich aufgeben. In Worten. In Kurven. Seine Namen aufgeben. Seine Signaturen. Sich gänzlich dem Entdecken hingeben.

Und was ergibt das dann auf lange Sicht? Und was gibt es am Ende.

Eine vielleicht wahnsinnige Reinheit.

Man kann Tatsachen erzählen. Man kann welche erfinden. Es ist schwieriger zu erzählen als zu erfinden. Erfinden ist eine Leichtigkeit.

Doch das Schwierigste ist die Treue zu dem,

was man spürt, da unten, im Äußersten des Lebens, am Ende der Nerven, um das Herz herum.

Und dafür gibt es keine Worte. Für das, was man spürt, gibt es keine Worte. Für die Wirklichkeit der Seele gibt es keine Worte. Aber es gibt die Tränen. Man kann auf das Göttliche anspielen. Doch das Wort Gott ist nur eine Ausflucht.

Die Wörter sind unsere Komplizen, unsere Verräter, unsere Verbündeten. Man muss sie verwenden, sie ausspähen, man müsste sie reinigen können.

Das ist der Traum der Philosophen und der Dichter. Die Worte machen uns wahnsinnig. »Wenn wir ein Wort häufig wiederholen, verliert es an Bedeutung und wird etwas Hohles und Redundantes, und erlangt den eigenen harten, rätselhaften Körper.«[37]

Clarice sagte mit Vergnügen: Geist, Geist, Geist. Und am Ende flog Geist. Was ist am Ende der Geist?

»Es ist ein Wort, schillernd und kühn wie ein Sperlingsflug. Manchmal wird das wiederholte Wort zur trockenen Orangenhaut seiner selbst und erglänzt nicht einmal mehr mit einem Klang.«[38]

Was geschieht am Ende von zweihundertneunzehn Löwen? Was geschieht am Ende von zehntausend oder hunderttausend Seerosen?

Ich fordere das Recht auf die Wiederholung des Wortes, bis es trockene Orangenhaut wird, oder bis es Duft wird, ich will die Worte Ich liebe dich wiederholen, bis sie Geist werden.

Doch bei Schreibenden ist das Wiederholen schlecht angesehen. Der Maler hat das Recht zu wiederholen, bis die Seerosen zu göttlichen Sperlingen werden.

Üben, sich den Seerosen hinzugeben.

Vielleicht ergäbe es am Ende das Porträt Gottes, oder das Selbstporträt Gottes durch Hokusai.

Als Hokusai die hundert Ansichten des Berges Fuji schuf, sagte er dies:

> »Seit meinem sechsten Lebensjahr habe ich besessen die Gestalt der Gegenstände gezeichnet und bis zum fünfzigsten Lebensjahr unendlich viele Zeichnungen veröffentlicht, doch alles, was ich vor meinem siebzigsten geschaffen habe, ist nicht wert, gezählt zu werden. Mit dreiundsiebzig Jahren habe ich begonnen die Beschaffenheit der wahren Natur zu begreifen, die Tiere, Gräser und Bäume, die Vögel, Fische und Insekten. Mit achtzig Jahren werde ich es noch besser können und mit neunzig in das Geheimnis der Dinge dringen. Mit hundert werde ich die Stufe des Wunders erreicht haben und mit hundertzehn

wird alles, jeder Strich und jeder Punkt bei mir lebendig sein.
Geschrieben im Alter von fünfundsiebzig Jahren von mir selbst, einst Hokusai, heute Gwakio Rojin, der nach Zeichnen verrückte Greis.«[39]

Das ist wahrlich die Botschaft der Hoffnung. Es gibt mir sehr viel Hoffnung, ich sage mir, dass ich mit hundertzehn Jahren auch ein Buch werde schreiben können, das ein Punkt sein wird.

Das ist Malen und Schreiben, es bedeutet, absolut zu hoffen, es ist, was man *Das Sonnenblumenleben* nennen könnte, um van Gogh oder Clarice Lispector ein Bild zu entlehnen: »Fast alle Leben sind klein. Was ein Leben erweitert, ist das innere Leben, es sind die Gedanken, es sind die Empfindungen, es sind die vergeblichen Hoffnungen … Die Hoffnung ist wie eine Sonnenblume, die sich aufs Geratewohl in Richtung der Sonne wendet. Aber es ist nicht ›aufs Geratewohl‹.«[40]

Was das Leben einer Person größer macht, das sind die unmöglichen Träume, die nicht zu verwirklichenden Wünsche. Der noch nicht verwirklichte Wunsch. Und sie sind so stark, diese Hoffnungen, diese Wünsche, dass man manchmal fällt, und wenn die Person fällt, sieht sie, ist sie erneut der unerreichbaren Sonne zugewandt.

Warum hat die Blume einen Duft, der nicht für jemanden ist, und für nichts …

Wie die Hoffnung. Die Hoffnung zielt auf die eigentliche Hoffnung.

Und der Maler? Malt von Hoffnung zu Hoffnung. Und zwischen den beiden? Ist da Verzweiflung? Nicht-Hoffnung. Zwischen-Hoffnung. Doch sogleich erhebt sich die Hoffnung. Was ich liebe, ist die Unzufriedenheit des Malers, welch ein Wunder: Es ist Monet, der im Zorn dreißig Gemälde verbrennt. Seine »über-bearbeiteten« Gemälde zerstört.

Aus unserer Sicht waren diese Gemälde »schön«. Aus seiner Sicht sind sie Hindernisse auf dem Weg zum letzten.

Seine Unzufriedenheit ist Hoffnung. Erhoffen des Unmöglichen. Sich noch einmal zur Sonne zu wenden, ist ein Glaubensakt.

Die Sonne zu schreiben, ist genauso unmöglich, wie die Luft zu malen. Eben das will ich tun.

Wenn ich zu Ende geschrieben haben werde, wenn ich hundertzehn Jahre alt sein werde, wird all mein Tun der Versuch gewesen sein, das Porträt Gottes zu malen. Des Gottes. Dessen, was uns entgeht und uns verwundert und entzückt. Dessen, was wir nicht kennen, aber spüren. Dessen, was uns leben macht. Ich meine unsere eigene Göttlichkeit, ungeschickt, verdreht, herzklopfend, unser Geheimnis, unseres, die wir die

Herren dieser Erde sind und es nicht wissen, wir, die wir die Striche aus Zinnoberrot und Kadmiumgelb im Heuschober sind und es nicht sehen, wir, die wir die Augen dieser Welt sind und sie so oft nicht einmal anschauen, wir, die wir die Maler, Dichter, Künstler des Lebens sein könnten, wenn wir es nur wollten; wir, die wir die Liebenden des Universums sein könnten, wenn wir uns unserer Hände mit Sanftmut bedienen wollten, wir, die wir uns so oft unserer gestiefelten Füße bedienen, um auf dem Bauch der Welt herumzutrampeln.

Wir, die wir Sonnengräser sind, Ozeantropfen, Atome des Gottes, und es so oft vergessen oder nicht wissen, und uns dann für Angestellte halten. Wir, die wir vergessen, dass wir so licht und leicht sein könnten wie die Schwalbe, die über den Gipfel des unvergleichlichen Fuji-Berges fliegt, so heftig strahlend, dass wir selbst die Modelle des Malers sein könnten, die Helden der menschlichen Präsenz und des Blicks des Malers. Doch was wir vergessen – der Maler, der Gott jeden Tag dabei zuschaut, wie er sich wandelt, vergisst es nicht …

Worin fühle ich mich von diesen Malern, die ich liebe, verschieden? In meiner Art, einen inneren Apfel genauso zu lieben wie einen äußeren Apfel.

»Heute habe ich von Herrn de Bellio einen wundervollen Apfel geschickt bekommen, von phänomenaler Größe und Farbe: er sagt mir, daß ich inmitten der Orangenbäume wohl manchmal Lust verspüren muß, in einen guten Apfel zu beißen, und erweist mir diese Anmutigkeit.

Ich habe nicht gewagt hineinzubeißen und ihn Herrn Moreno geschenkt …«[41]

Das war Monet.

Ich hätte ihn gegessen. Darin unterscheide ich mich von jenen, denen ich gerne ähneln würde. In meinem Bedürfnis, den Apfel zu berühren, ohne ihn zu sehen. Ihn im Dunkeln zu erkennen. Mit meinen Fingern, meinen Lippen, meiner Zunge.

In meinem Bedürfnis, mit dir die Mahle zu teilen, die Brote, die Worte, die gemalten Mahle und auch die nicht gemalten Mahle.

In meinem Bedürfnis, mich meiner rechten Hand zu bedienen, um die Feder zu halten und zu schreiben, und meiner beiden Hände, um nichts zu halten, um zu liebkosen und zu beten.

Ich werde zum Ende kommen …

Ich habe ein Post-Skriptum, es ist Hokusais Adresse. Für den Fall, dass wir das Alter von hundert Jahren erreicht haben und ihn suchen sollten, hier:

»Wenn Sie kommen, so fragen Sie nicht nach Hokusai, man würde Ihnen nicht antworten können, fragen Sie nach dem zeichnenden Mönch, der vor kurzem in das Gebäude beim Eigentümer Gorobei eingezogen ist, fragen Sie nach dem Bettelmönch im Hof des Meio-in-Tempels, mitten im Busch.«[42]

Möge ich, wenn ich neunzig Jahre alt bin, eine solche Adresse verdient haben …

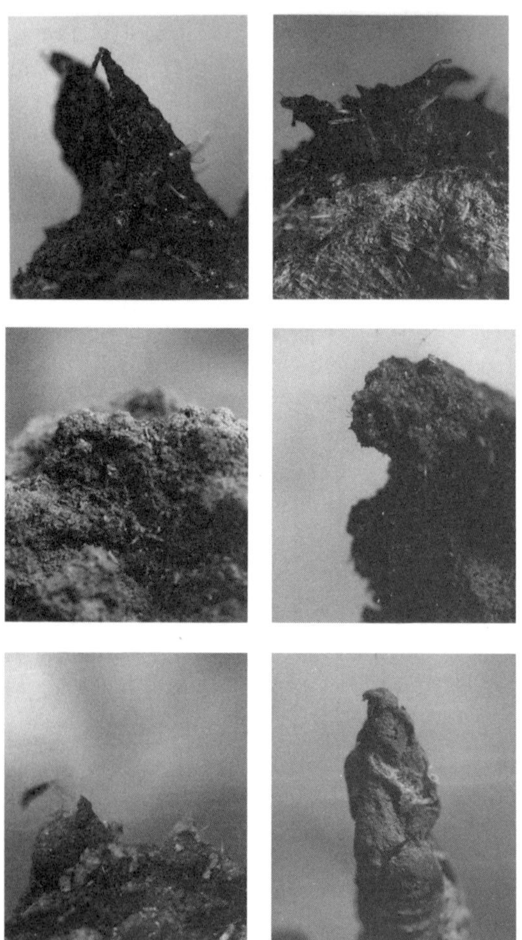

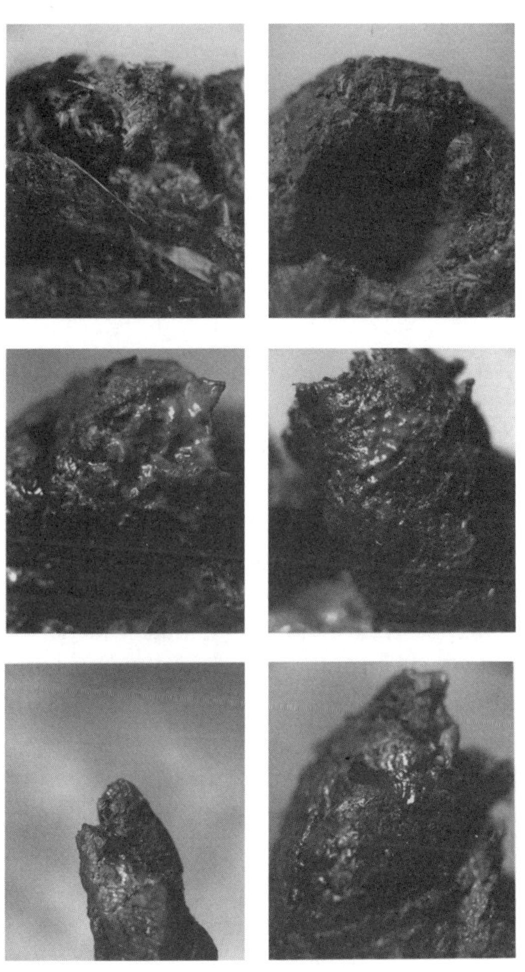

Andres Serrano: Shit. Fotografien, 2008.
Courtesy of the Artist

Kein Geschenk

Serrano macht Faxen

Hat es Sie geschaudert? Sind Sie zurückgeschreckt?

Haben Sie sich gesagt: »Ich habe keine Lust«?

Warten Sie! Gehen Sie nicht weg.

Da ist etwas.

Wenn Sie den Drang verspürten wegzugehen, dann ist das nicht nichts, nicht wahr? Ein Drang nicht-zu ist noch immer ein Drang, eine Bewegung, Leben, das sich schützt, das widerstrebt, das wieder strebt.

Auch mich hat es geschaudert. Ich war kurz davor zu gehen. Ich bin geblieben.

Was hat mich zurückgehalten? Einerseits die *Kraft* des Schlags. Oder die Schlagkraft dieses Gewaltakts. Doch um welchen Schlag, um welche Kraft handelt es sich?

Andererseits, und darauf komme ich noch zurück, ist es diese Frage des *Rests*, die so oft und so machtvoll in der Literatur und Philosophie angesprochen wurde, dieser *Rest*, um den so viele großartige Gedanken kreisen, die von den

Geheimnissen der *Grenz-Sache* herbeigerufen werden, dieses Hinterlassene oder diese Losung, die an die Grenze *rührt*, an meine, ihre, Ihre, die diese Thematik der »Grenze« beben lässt und unter der Erschütterung ihres plötzlichen Aufkommens unser Verhältnis zu uns selbst verunsichert und uns zwingt, das *Wo* des Anfangs und des Endes, des Seins und des Nicht-Seins zu befragen. Des Lebens und des Todes.

Der Rest widersteht per Definition jeder Definition.

Jedem sicheren Wiedererkennen.

Man werfe einen ersten Blick auf diese Bilder von Sachen, die unmittelbar *unheimlich*[*43] sind. Was ist *das* denn? Abgesehen vom gegebenen Namen wüsste man es nicht zu sagen, man wäre beunruhigt, verstört.

Wer bleibt, was bleibt, widersetzt sich den geheimen Gesetzen von Zeit und Ort. Es ist vorbei. Es geht weiter. Es »besteht weiter«, außerhalb des Körpers, ohne Wohnstatt. Was bleibt, säumt, übersteht, jenseits der Zeit, die durch die Zeit hin gewährt ist, dem Verstreichen der Zeit *zum Trotz*. Die Reste, bleibend, geblieben, Bleiber, halten, letztlich *nach* allem. Stören das, wovon man meint, es sich als eine Schranke, eine Grenze, ein Ende vorstellen zu können.

Der Rest ist weder, noch ist er nicht, der Rest geht über die ontologische Ordnung hinaus, der Rest stellt sich und entzieht sich der Frage »Was ist?« Der Rest ist ein *Was-ist-denn-das-da?*, das ohne Antwort bleibt

In der unermesslichen Polysemie des Rests, also dessen, was aus dem herausfällt, wovon es der Rest ist, und unter all den Bedeutungen, die am Rest »als solchem« mehr oder weniger kleben bleiben, wird der Künstler, dessen gesamtes Werk übrigens von Resten fasziniert ist, unweigerlich zu demjenigen Rest geführt worden sein, der einer Sublimierung am meisten widersteht.

Für seinen Teil wird Jacques Derrida, von dem so viele Texte als Rest-Denkmäler, Rest-Monumente bleiben, literarisch, philosophisch, eines Tages die Wahl getroffen haben, vier plus einen voneinander zu unterscheiden.

> … der Rest *als solcher*, der Rest mit all seiner Polysemie, mit zumindest den vier Bedeutungen, die man darin unterscheiden kann und die ich zu formalisieren versuche (der Rest als das, was übrig bleibt und bleibt, die subsistierende Substanz, die Nahrungsreste, nämlich die *reliefs*, die Essensreste, die sterblichen Überreste, der Rest als Residuum einer Sub-

traktion und später werde ich noch den Rest von dem hinzufügen, was immer noch zu bezahlen bleibt, was uns immer noch zu begleichen bleibt in einer Schuld, die uneinlösbar weil ursprünglich ist, und vor der wir stets und für immer verschuldet sind, sie begleichen müssend, den Gläubiger bezahlen müssend, den Geber, der vor uns kommt und uns schuldet, *avant nous et devant nous*,)

Unter dem Namen Shit drängt uns Andres Serrano, *à faire face*, diesem Was von uns ins Angesicht zu schauen, das Rest, das Überbleibsel von uns ist und uns nicht bleibt, das wir zerstreut ohne hinzusehen beseitigen, qua Automatismus unseres Denkens, das wir täglich hinausbefördern. Andres Serrano macht sich zum Hüter des Verstoßenen.

Shit ist ohne Schischi. Ohne Umweg. Es ist nicht *politically correct*. Es ist *politically direct*. Es ist, was er *am meisten* machen konnte. Anziehen, um zurückzustoßen, oder zurückstoßen, um anzuziehen. Auf das achten, was niemanden *interessiert*. Das Geschissene mit einem Schisslaweng wieder geltend machen, und zwar unverblümt, ohne es im erotisch-komischen Register eines Rabelais oder eines Shakespeare festzuhalten.

Er präsentiert uns *Natur-Shit*.

Bekanntlich durchzieht das Thema der »*Scheißhäuser*« die gesamte Literatur, befehligt die Bibel seit dem *Levitikus* und ordnet die Riten und Mythen der Hygiene an.

Ich denke an das, was mir für immer geblieben ist von *Was von einem Rembrandt übrig geblieben ist, der säuberlich in kleine, viereckige Fetzen zerrissen und ins Klo geschmissen wurde.*[44]

Ich denke sogleich an das, was im Band IV der Werke von Jean Genet von diesem Titel übrig bleibt, dessen gesamte Länge ganz allmählich reduziert wird zu *Was von einem Rembrandt übrig geblieben ist, der säuberlich in kleine, viereckige Fetzen …* dann zu *Was von einem Rembrandt übrig geblieben ist*, als ob der Titel sich dem Naturgesetz der Abgabe beugen und etwas abschneiden musste.

Ich denke an die unermüdliche Wiederholung der Heraufbeschwörung des Ekels – *dé-goût* – bei Genet, bis davon fast nichts mehr übrig bleibt. Ich denke an den sonderbaren Geschmack des Ekels, den *goût* für den *dé-goût*.

Ich denke an die Konstruktion des Geschmacks des Ekels. An die Erfindung und die Trennung von Essbarem und Ungenießbarem durch das unbekannte Genie, den Autor des *Levitikus*.

Du sollst *das* essen. Dieses *Das-da* soll ungenießbar sein.

Das ist dreckig. Das ist sauber. *So ist Es.*

Alles, was ist, ist durch Trennung, das wissen wir seit der Bibel, es ist Gott, der angefangen hat, zu trennen, um anzufangen. Zunächst ist es die schöpferische Trennung. Später *macht* der Gott die Geschöpfe. *Zuerst* die tierischen Geschöpfe. Dann die menschlichen. Der Gott trennt. Trennt sich.

Das ist nicht immer gut gemacht, diese Gegenstände. Es kommt sogar vor, dass der Gott, unzufrieden mit seinen Produkten, beschließt, sie zu beseitigen. Zu vergraben, zu vergessen, diese Entwürfe, diese übel riechenden Spuren. Eine Sintflut, und dann fängt man wieder an zu *machen.*

SHITGESCHICHTEN

Was vom sonderbaren Wort *Shit* geblieben ist, ähnelt heute einer Onomatopöie, einem beredten Phonem, das den Laut eines Ausspuckens imitiert. Shit mit einem kurzen steifen trockenen I.

Shit! ist ein amerikanischer Ausruf mit einer zwiefachen zeitgenössischen Geschichte.

Shit! schickt zum Teufel, genau wie Scheiße. Drückt Wut und Verachtung aus

Doch *Shit* wird in den Sechzigerjahren zum Namen eines ganz und gar begehrenswerten Konsumprodukts. Es handelt sich um Marihuana, jenes Gras, das sich in der gesamten Gesellschaft ausbreitet, unter jenem Namen, der ein als Gattungsname kommun geworden und außer Gebrauch gekommen ist. Immer geläufiger. Dieses Wort, das einst wie die bezeichnete Sache »verboten«, »schlecht angesehen« war, ist jetzt nicht nur trivial geworden, sondern überholt. Der *Shit* regt niemanden mehr auf, er ist das Gewöhnliche. Man sagt es nicht einmal mehr. Er löst sich in Rauch auf – *Do you smoke?* sagt man. – Wie erklärt sich dieser Fall? Im Vergleich mit den anderen Drogen, denen, die *high*, hart, teuer, mörderisch sind, ist *Shit* nichts wert. Seine subversive und provokatorische Bedeutung ist passé. Allenfalls bleibt der *Shit* ein bisschen *zwielichtig* wie der Joint.

Zwei Worte zum *Joint*: dieses Wort trägt die Ambivalenz des Shits, der im zwanzigsten Jahrhundert begehrenswert wird, der dem Shit neuen Goldglanz und dem verbotenen Stoff die Aura von allem verleiht, was systemkritisch ist, die romantische Würze der Rebellion, den Glanz des Unrats der *ordure* als Gegensatz zu Rat und Ordnung. Im *Joint* begegnen sich Konnotationen, die sich den Edikten des Sauberen und Eigenen widersetzen. Man gebraucht dieselbe Zigarette für die gesamte Gruppe, man mimt die Kommunion im Shit. Und dann verkoppelt *der Joint* den Kommunionsgegenstand mit dem *Joint* genannten Ort, dem zwielichtigen Ort mit undefinierbaren Promiskuitäten.

All das gehört bereits der Vergangenheit an.

Bleibt die Kraft des Einsilbers »Shit«

SHITATE

Was tut man, wenn man das Wort *Shit* ausspricht, mit der kleinen Befriedigung des Zungenschlages, der gegen die oberen Zähne und den Gaumen schnellt? Als schösse man kurz – eine Reptilienzunge los.

Wenn man dies tut, vergisst man die so alte und reiche Genealogie dieser Vokabel indoeuropäischen Ursprungs. Sehen Sie seine Wurzel: *skei*. Sie sagt:

schneiden, trennen, abtrennen, entfernen, entscheiden. Sie markiert das Unbewusste und die Geschichte seiner skizzenden Kraft, Kraft des *schizein*, sie teilt auf, unterteilt, unterstreicht das gesamte miteinander Teilbare und das Unterteilbare der Welt, bis sie sich in den modernen Zeiten auf die Scheiße festlegt: *Scheiße, Kot, Schiet, Schiete*, und die gesamte in den germanischen wie in den romanischen Sprachen verbreitete Verwandtschaft, die um dieses Thema der Trennung, des Teilens herum schizt, dessen, was die Seiten und Ufer einrichtet und im Haar die Felder scheitelt, um zu kämmen. Man würde sehen: *Shittung* oder *Shitat* ist überall. Und überall, selbst wenn sie die schöne Fülle eines Haars zurechtlegt, begleitet sie der Schatten eines uralten Leides, der unmögliche Traum einer Nicht-Trennung.

Shit führt uns zur Figur des Androgynen in Platons *Gastmahl* zurück, zu diesem Mythos vom Zerschneiden eines amphibischen Wesens, das leidet, weil ihm in legendären Zeiten eine Hälfte abgeschnitten wurde, und in Reaktion darauf das Geheimnis der Liebe absondert, diesen Leim, der die Stücke sublim wieder verleimt. Da bemerke ich das etymologische Erbe: Es ist der ins Niedere, ins Vergessen verworfene Teil, auf den das Wort zurückgeht, das die Entscheidung markiert.

Der Bruch ist verflucht. Geschmäht. Gern würde man, aber vergebens, die Ausstoßung ausstoßen. Man projiziert das Negative aus sich heraus, was man nicht in sich behält, nennt man schmutzig.

Shit agiert also. Der Katalog der Schock-Sache *trifft*, das ist unbestreitbar.

Shit ist Ding und Handlung. Ein Antikunst-

Kunstakt. Als erstes greift *Shit* an. Zielt auf ein bestimmtes Publikum. *Shit* ist ein antiamerikanischer amerikanischer Akt. Er zeigt Amerika eine lange Nase, zeigt lange Nasen in Serie. Stellen Sie sich einen Stamm der Langnasen vor, der die herrschenden Ferreinicktestaaten aus der Fassung bringen will, den theologischkonservativen Mainstream, das unausmessliche politischpuritanische Netz. Die Langnasen kostümieren sich als Shit, und in gänsekackegelblichbraune Leinwand eingepackt suchen sie die Städte heim, die Galerien, die Museen, die Kirchen, die Institutionen. Erkennt ihr uns? sagen sie. Wir sind das Werk eurer Beseitigungen.

Shit bricht in die gedämpfte Ruhe der Innenräume der Galerien-Häuser-Museen ein. Erschüttert, beunruhigt, reizt den Körper des Betrachters zu einer Bewegung

Diese Bewegungslosen übermitteln eine Bewegung. Nebenbei sind sie vielleicht in Wahrheit, in der Tiefe, gar nicht bewegungslos, diese sonderbaren Klöße. Wer weiß?

Ich habe diese Unbeweglichkeit schon mal irgendwo gesehen: Es ist jene, die die entsetzlichen reglosen Wölfe »beseelt«, die auf dem Baum des *Wolfsmanns* sitzen, vollkommen ruhig und ohne irgendeine Bewegung auf den Ästen des Baums zu machen, rechts und links vom Stamm, und die nichts anderes tun, als uns anzuschauen. Diese Wölfe, diese Reglosen, diese Kotstangen, diese Langnasen *schauen uns an*.

Ich stelle mir das vierjährige Kind Andres als hondurokubanische Version des Wolfsmanns vor, dem Helden der *Geschichte einer infantilen Neurose* (Freud 1918), der uns das berühmte Gemälde mit dem Titel *Baum mit 6 oder 7 Ästen mit 6 oder 7 weißen Wölfen von vorn* hinterlassen hat. In einer pseudo-gothischen Kirche eingeschlafen, wird er diesen entsetzlichen Traum vom Kotstangen-Baum geträumt haben. Er wird ihn nie vergessen.

Uns wird es zukommen, die Angst zu analysieren oder zurückzuweisen, die dieses unheimliche Anschauen in uns weckt.

Die Shits sind die Totems des Langnasenstamms. Sie hocken auf den Ästen der Galerie Yvon Lambert, reglos verharrend in der kurzen endlosen Zeit eines Traums schauen sie uns an und wir sehen ihre Augen nicht. Gezwungenermaßen stellen wir fest, dass da eine Kraft ist, *une force. Eine Force und eine Farce.*

FORCE – KRAFT

Er nimmt sich mit der ganzen rohen Kraft einer – vorgetäuschten? – Naivität die ideologische, politische, theologische, katholischamerikanische

Maschine vor, die mit dem eins ist, die Körper und Bild dessen ist, was Jacques Derrida »das sakralisierende und vergiftete Hierarchiv dieses zwischen Europa und der amerikanischen Kolonisierung angehäuften Kulturhaufens«[45] genannt hat (in dem der *cul*, der Hintern, gehört werden muss). Es ist, als ob er durch diese Elektroshits all die scheinheiligen und beunruhigenden Figuren austriebe, die in der Amerikanischen Institution des korrekten Denkens unter ihren Kostümen, ihren Sutanen, ihren Attributen und Staffagen wimmeln

Shit ist ein Antidot und ein Antisacerdote, Gegengift und Gegenweihbrief. »Eine Rosskur«, sagt man. An der Kraft des Heilmittels ermisst man die Wirkkraft des Giftes

– Diese *Farce* ist geschmacklos, werden manche sagen. Das sollen wir schlucken? Dieses emetische Gehackte?

Wie fern ist die koprophage der Zeit der frühen Kindheit, in der wir alles in den Mund stecken, um es mit der Zunge zu erkunden, und über den Geschmack der Dinge nicht entschieden ist.

WACHWÜRSTE

Das ist der Name, den mein Vater, der junge Arzt Georges Cixous, ihnen gegeben hatte. Es gab sie überall in den Kindheitswäldern Algiers, am Saum der Wege, unter den Meereskiefern, in den hübschen Hainen des *Bois des Arcades*, auf den Hügeln, wo sich der Wald von Baïnem erstreckt. Wir waren sieben, acht Jahre alt, barfuß mein Bruder und ich, Papas schnellen Schritten folgend, »Achtung, eine Wachwurst!« Wir gingen geschwinde, gingen aufs Leben zu mit dem Geleit dieser kleinen meist menschlichen Monumente. Manchmal hündischen. Man muss sich das sonnenwarme Geruchsbukett vorstellen, das Algerien alchemisiert, eine Mischung aus Kiefernnadeln, verrottender roter Erde, Absinth, Mastixstrauch, feuergetrocknetem Kot, hier zu Stein geworden, dort noch vom Besuch der Fliegen beehrt, den vereidigten Kotfressern. Unter der Erde des Waldes währenddessen, insgeheim zum Friedhof geweiht, kehrten die kleinen Leichen zu rasch verstorbener Säuglinge in die weite mütterliche Materie zurück. Auf diese Weise hatte mein georgicanischer Vater mit einem magischen Wort die Exkremente, die uns begleiteten, aufgehoben und transfiguriert.

Wer hütete wen, im Ur-Wald, durch den kreuz und quer, unter und über der Erde lauter

Kinder liefen? Das Leben den Tod? Der Tod das Leben?

Die Natur arbeitet daran, den Toten wieder herunterzuschlucken.

Es war das Paradies, und wir kannten den Ekel nicht.

Um den Weg und den Schritt zu finden, die mich in die Nähe der Materienportraits bringen, die Andres Serrano gemacht hat, muss ich, wie ich bemerke, zurück in die Zeit der *Gesänge der Unschuld* gehen. Ich durchwachte mein Leben in Algerien, einem gewaltsamen und schönen Land, in dem alles (einst) Verstoßene, Person, Ding, Wesen, wiederkehrte. Die Mauern und die Trennungen trennten die Ausschließer nicht von den Ausgeschlossenen, Elend und Geschwür strahlten in den Hauptstraßen wie Gestirne. *Das dahinter ist davor* im unverhandelbaren Algerien. Man kann nicht so *tun* und nicht so *machen*, als sähe man nicht, was man hinten fallen lässt.

Das Rejekt zum Subjekt machen, den Bodensatz zum Satz erheben, dem Ausgestoßenen in den Museumsgängen Platz verschaffen, das ist sein Projekt. Andres Serrano gehört zu denen, die ohne Schuppen auf den Augen zur Welt kommen

REFUSE

ich brauche dieses Wort, welches das Englische dem Lateinischen entlehnt.

Das Exkrement, sagt das Englische, ist *refuse*, Abhub, Ablehnung. Folgen wir dem Faden der Vokabel: Ablehnen kann man nur Gegebenes. Shit, das Geschissene ist gegeben/abgelehnt. Eine der Ablehnung, der Vermeidung versprochene Gabe.

Kehren wir zu seiner Quelle zurück, zum reichen lateinischen *fundere*, das *gießen* heißt, in Bezug auf Flüssigkeiten und insbesondere Metallschmelzen; qua Analogie »gießt« man alles, was man verschütten, ausbreiten, verströmen kann: Körner, Strahlen, Klänge, Gerüche, Worte, *et cetera*, und unter den »caetera« ist, was von einer Sache, einer Gruppe von Sachen, von Personen bleibt, es bleiben die Reste der Reste, der Teil, den man qua Opposition zum anderen bezeichnet. Es ist dieser Rest von Resten, den man zurück/gießt und um/kehrt, *re/verse*, den man zurück- oder wiedergibt und der einem manchmal den Wunsch gibt, sich zu übergeben.

In der Folge kommt mir dann von den erdigen Kindheitsstraßen her der vertraute Spitzname meines kleinen Bruders in den Sinn, ich hatte ihn gestern völlig in der Schlucht von Algier vergessen. Wir nannten ihn Pierre Crotte, Köttelpeter. – Erinnerstdudich, sage ich zu dem einstigen Kind, dass wir dich Köttelpeter nannten? – Und dabei gab es dazu keinen Anlass, sagt mein Bruder, der altgediente Kinderarzt, meine Sphinkterkontrolle war nämlich früh ausgebildet. – Aber wer hat dich denn so genannt, frage ich mich? – Du natürlich, tönt der tiefe Bariton meines Bruders Pierre – Entköttelt und manierlich? Sicherlich bleibt uns ein wenig Zuneigung für Steine und Köttel, Urmaterien. »Mein Bruder Köttel«, wie der Heilige Franz von Assisi sagen würde. Mein Bruder Esel. Mein Bruder Körper, sagte der Heilige. Wie viele Brüder sind uns gewährt, wenn wir Wohnstatt in der Demut nehmen. Nach unten hin, auf dem Erdboden sitzend oder liegend.

– Die Kohorte der Shits, dieser hochsinnige Stamm, den Andres Serrano fotografiert hat, verweist sie deines Erachtens auf die Demut? Scheint dir nicht, dass sich all diese Köttel und Kote eher aufrichten als erniedrigen?

– Meines Erachtens handelt es sich weniger um Erektion als um Rehabilitation. Der Künstler hebt die Singularität jedes Auswurfs auf, indem er identifiziert, beschreibt. Die »Scheiße« ist nicht das, was man undenkt, denkt er, sie ist nicht die formlose einförmige Materie ohne

Kennzeichen. Jeglicher Form von Anthropozentrismus versetzt er einen ultimativen Schlag.

– Die außerordentliche Vielfalt, die offenbart wird: Identifikationsprozesse sind mit Sublimierung verbunden.

– Der Schock ist, dass mir das einen Schock versetzt. Verursacht hat den Schock die Wiederkehr des Geflohenen.

Die Shits nehmen ihren Rang unter den Geflohenen ein, den Ausgeschlossenen, Verabscheuten, Vermiedenen, unter Pestträgern und Kranken, die in den Betten der Hospitäler in Wunden aufbersten, den zunichtegemachten Obdachlosen, den Leprakranken, die Julianus Hospitator, St. Julien der Gastfreundliche, versucht, nicht zu umarmen.

Der Stamm stellt alle auf die Probe der Grenzen: Wen oder was ertrage ich nicht zu *sehen*? Zu sehen, das heißt, mit den Fingern der Augen zu *berühren*.

Ich erkenne es an: voll Zärtlichkeit hebe ich mit den Fingern den Kot meiner Katzen auf. Als junge Mutter beglückwünsche ich mein Kleines für sein schönes Würstchen. Als Liebende stoße ich den Stuhl des Liebenden nicht von mir. Und? Es ist also nicht-ich, nicht-meins, was ich zurückweise. Was ich nicht zulasse. Hier ist bei mir zu Hause. Nicht-ich, bleib bei dir zu Hause! *Noli me tangere.*

Das kalkulierte Wagnis des Künstlers: Kaum betreten wir den Ausstellungsraum, sind wir k.o., gekocht, im Kotschock.

MACHEN

Shit *macht.* Was?

Kreiseln. Nachdenken-fliehen-fliehen-denken-zurückstoßen-denken zurückstoßenzurückstoßdenken.

Sträubt. Macht die geheimen Quellen des Wortes Unrat oder *Unflat* offenkundig, im Französischen *ordure.*

Ordure, eine Vokabel mit breiterem, substanziellerem Klangspektrum als das knappe englische Shit, weiß über unsere Lebens- und Todestriebe allerhand. Erinnern Sie sich: *ordure* ist das lateinische *horridus*, welches das Sträuben unserer Felle, Federn, Stacheln, Haare beschreibt, den ganzen epidermischen Igel, der uns Menschentieren als Rüstungssimulakrum, als apotropäische Schutzschicht dient. Wir antworten auf das, was eine unerträgliche Botschaft an uns richtet, mit einer entsprechenden Aufsträubung.

Zahn um Zahn, Haar um Haar.

Was sagt uns diese Botschaft, dieses Unratrebus? – Dies: meine Damen und Herren, morgen werden Sie diese Jauche sein.

Aber wer möchte das »denken«?

– Die gesamte Produktion unserer menschlichen »Erhebung« besteht darin, uns von unseren beiden obszönen Extremitäten zu entfernen, uns zu trennen-ablösen-säubern-reinigen von den unflätigen Bewegungen der Geburt und des Todes. *Inter urinas et faeces nascimur.*

Um zu leben, machen wir uns darum zu schaffen, die Mauserfedern und Schlangenhäute zu beseitigen. Wir täuschen vor, wir seien unberührt und frei von sterblicher Hülle und Zersetzung. Wir fallen von uns selbst ab, widerrufen uns in Scheiben und Stücken. Wir Armen, Bewohner himmelhoher Bauten, Helden der Verneinung, Verfechter des *Sauber-Eigenen*, des Eigentums, wir türmen Distanzen, Mauern, Wolkenkratzer, Klassen, Grenzen auf, um uns von unserem eigenen unsauber-uneigenen Teil zu trennen. Wir heben uns furios von unserer Animalität ab. Wir vergessen täglich unsere naturgemäße Sterblichkeit.

Shit bricht den Waffenstillstand. Es ist ein Springteufel. Arglos öffnen Sie die Tür, das Paket, da springt Ihnen die Scheiße in die Nase.

– In die Nase? sagst du. Nicht in die Augen?

– Ja, es springt in die Augen. Aber wie wir durch unser Zurückschaudern bezeugen, haben unsere Augen einen Riecher.

Sehen gibt zu riechen. Wer zu »sehen« *gibt*, lässt riechen, *fait sentir*. Sehen, riechen, spüren, all unsere Sinne sind in der Einbildungskraft aktiviert. Wenn Stendhal dem Tod seine ganze Schlagkraft zurückgibt, indem er mich sehen *macht* (und das ist ein konkretes Machen), mich unter der Buchseite der in der *Kartause von Parma* geschriebenen Schlacht den Kot sehen lässt, sprich: macht, mit dem die nackten Leichenfüße der Leiche eines toten Soldaten beschmiert sind, wenn er mir seine Leichenfüße mit ihrer grünen Farbe ausmalt, mich den Tod der Füße entdecken lässt, die toten grün gewordenen Füße, da spüre ich, dass es dieses Detail ist, das Wahrheit schreit und mich fast in Ohnmacht fallen lässt.

Das durch Fokalisierung vergrößerte Detail, das fokalisierte und fäkalisierte Detail zersprengt unseren Aufregungsschutz (*protective shield*). Es ist der Finger oder der Zahn des Toten, denn der Tote hat was gegen uns, er hat *Haare auf den Zähnen*.

Was macht der Künstler?
Er weiß, was er tut: *er macht*
Gewalt
Lachen

Grauen
Beugen
Fürchten
Einen Schlag (schlecht, gut, mit dem Stock)
Den Dirigenten
Aus den Latschen kippen
…
und vor allem das, was *zu tun* und *zu machen* er sich stets für *unfähig* hielt

Ich sagte es eines Tages, »ich grub ein Loch in meine Mutter und warf mich hinein«. Ich ging in den Status derer über, die in unseren Augen, in denen meiner Mutter und in meinen, die elendsten menschlichen Geschöpfe sind: Spieler, Drogensüchtige, Verzauberte, Entwertete. Ich flog nicht: ich durchbohrte die Erdschale, riss ihr die Eingeweide aus, zerhöhlte sie. Ich ließ meine Mutter zahlen. Ohne Erklärung. Das geschah in Manhattan. Die Kunstgeschichte ist Zeugin: diese Art von Exzess passiert stets in Manhattan, nachdem sie in Brooklyn begonnen hat. Ich hätte anhalten müssen, doch ich ging bis zum Ende.

Jedes Mal, wenn ich mir sage: »Ich werde dieses Buch nicht schreiben, das ist entschieden«, fange ich an, es zu schreiben

Jedes Mal, wenn Andres Serrano sich sagt: »Ich werde dieses Foto nicht machen«, wird das Foto gemacht

Es handelt sich nicht um Provokation. Es handelt sich um Anrufung, um heimliche Herbeirufung. Um Entscheidung, aber um eine passive. Vor ein paar Jahren suchte er tastend in seinen Finsternissen: wo ist die Grenze? Er war stets bemüht, sich an die Grenze zu halten. Die Grenze war: »Ich werde nichts machen, ich werde nichts erschaffen, mit Kindern, und ich werde nichts mit Scheiße machen.«

Das Gesetz sprach englisch, mit einem hartnäckigen Akzent: »*I won't work with children, I shall not work with shit.*«

Was er nicht tun wollte, ward getan.

Und so ist er von New York nach Kolumbien und von Kolumbien nach Ecuador gegangen: und dort erwartete ihn *Shit*. Er geht, wohin er selbst niemals gehen würde

So geht der Künstler: zum Unmöglichen, aber es gibt immer ein Unmögliches, das ihn hinter dem Horizont des Unmöglichen erwartet, dem er sich zu nähern glaubt.

Um nichts in der Welt hätte er an Scheiße, mit Scheiße arbeiten können.

Von einem Tag zum nächsten ist es geschehen. Es ward getan. Man wird nie wissen warum

Auch ich mache in eben diesem Moment etwas, das ich nicht machen wollte: einen *Tractatus merdicolus*, eine Abhandlung über die Scheiße.

Ohne meine eigene Missbilligung hätte ich mich niemals auf eine solche Übung eingelassen.

Er hatte gesagt: Mit Shit, niemals. Und voilà.

Ebenso: Mit Kindern niemals.

Jetzt spuken Phantomkinder in den Straßen, vor seinen Fenstern.

Wird er das Opfer vollziehen, es machen?

Vielleicht hat er, kommt mir in den Sinn, diese »work with children« bereits gemacht.

Denn die berühmte freudsche Gleichung Kot = Kind = Geld ist ihm keineswegs unbekannt.

Shit könnte insgeheim eine Schule sein, ein Waisenschwarm. Eine Bande von Rotzlöffeln.

Shit ist Theorie

Eine Theorie der Phantome.

Die Frage wird stets nach dem Unterschied zwischen dem Lebenden und dem Toten gefragt haben.

Eine Fliege wandert über das Gesicht von *Strange Shit. Fly, Fly, flurtation.*

Diese Fliege ist vielleicht Psyché, die Seele von Shit

Als beim Wenden einer Seite im Katalog *Comédie-Française* mein Blick auf eine Fotografie des Künstlers fällt, hält er inne, wird hellwach, neugierig, genau. Ich sehe die hellen Haare, die im Bürstenschnitt aufrecht stehen und das Gesicht nach oben ziehen. Ich sehe die frisch gebürsteten, glänzenden Boots (Stiefel). Zwischen den beiden scharf gezeichneten Enden, Sockel und Kopf, ebenfalls scharf, tiptop, picobello aus dem Ei gepellt, zeichnet der Körper sauber eine schlanke Bewegung, in ein eng anliegendes Sportkostüm gepresst. Der Körper des Künstlers ist eine Skulptur. Er modelliert ein luftiges Volumen, einen unsichtbaren Körper, vielleicht einen Kopf, in dem ein Gedanke fotografiert ist, eine Idee auf der Suche nach ihrer Verkörperung.

Der Körper ist nüchtern gekleidet, dunkel, biegsam, dicht, tänzerisch, sicher. Er weiß, was er machen will. Ohne Fleck und Kante. Saubere Kacke. Eigenkacke. Clean Shit im clean shirt. Er macht einem Schauspieler (der Comédie-Française) einen Blick vor.

Man sieht es: Serrano ist ein Blickleiter. Er will, dass Sie sehen. Er will, dass Sie sehen, was Sie nicht sehen. Er will Ihre Blicke einfangen, sie im Foto, als Foto aufnehmen – vor jedem Ausdruck. Er will die Augen entwaffnen, sie aufreißen, sie weiten, sie zurückhalten, sie nähren mit diesen Bildern, die er im Kopf hat. Er entkleidet die Figuren der Personen und der Sachen, er schminkt sie ab, dann kostümiert er diese Nacktobjekte neu, schneidert ihnen einen Saum, taucht sie in grelle Beleuchtung, bereitet sie vor. Auch die Kostüme sind nackt und in Bernstein getaucht. Die Farben sind herrisch, autoritär. Nackt. Nackt? Ja.

Was es nicht gibt, das ist das Frappierende: *Kein Schleier.* Sein Verfahren, seine Machart ist dies: *Nacktmachung durch Fotografie.*

Er spricht es nicht aus, er agiert es aus: Er malt nur Enthäutete. Die Bürger der Arche *America*, so buntbehängt sie auch sein mögen, alle nackt gemacht. Kein Rückzug, kein Versteck. Augen wie Neugeborene. Wie künftige tote Körper. Die blinkende Glitzerpracht, Kopfbedeckungen aller Gattungen, Abzeichen, Schmuck, Barretts, alle Einzelheiten sind roh, nackt gemacht.

Die Kothaufen von Shit genauso: *Dem bloßen Auge ausgestellte Exkremente.*

Die Ausleuchtung verbreitet ein und dasselbe fahle Licht über diese Gesichter, macht sie zum Bild.

Als ich mich in der Galerie umwende und das gesamte Werk von Serrano in der Perspektive betrachte, bemerke ich, dass er immer denselben Gedanken verfolgt:

die Frage kehrt immer zum Unterschied zwischen dem Lebendigen und dem Nicht-Lebendigen zurück.

Das ist es, was uns schaudern macht. Das Nicht-Lebendige ist bereits … da. Das Nicht-Lebendige lebt noch.

Shit wirft ein rückblickendes Licht auf das Vorhergehende

Man kann die Bildersammlung namens *America* oder das Album *Comédie-Française* nicht von der *Shit*-Sammlung trennen. *Shit* ist ein Teil vom Ganzen. Alles ist Shit. Es ist das Zustehende. Der Avatar, die letzte Verkörperung dieser Festzüge.

Die meisten *Shits* sehen aus wie Köpfe in den Klauen der Verwesung.

Das ist eine Hypothese von Serrano: Man braucht bloß mit dem untersuchenden Blick der »Nachforschung« darauf zu verweilen, so meint man, einen Hundekopf zu sehen, oder ist an einen Wolf gemahnt. Vielleicht gibt es das Gedächtnis eines früheren Aussehens in den Resten

Und in den Köpfen von *America*, die vor Fleischeskraft strotzen, kündigt sich der Weg allen Fleisches an, genau wie in der geköpften Parade der *Comédie-Française* klargemacht wird, dass das Leben eine zeitliche Maske ist. Die Zeit eines Theaterstücks

In diesen Figurinen verbirgt sich etwas Janushaftes: das Mehr, der Exzess, diese Über-Sichtbarkeit ist die von *J'anus*, Ich-Anus. Eine solche Hervorwölbung der Oberfläche ist Zeichen der starken Spektralität der Gründung im Geheimen.

Wenn Genet das Darüber sieht, sieht er das Darunter, und hält er sich in einem Museum auf, so gibt es:

Als wäre da ein Stallgeruch. Wenn er von den Personen nur den Oberkörper (wie bei Hendrickje in Berlin) oder den Kopf sieht, muss er sich unweigerlich vorstellen, sie stünden auf einem Misthaufen.[46] Man sieht die Jauche nicht, man riecht sie. Der Tisch der *Tuchmacherzunft* steht auf Stroh, die fünf Männer riechen nach Jauche und Kuhmist. Riechen danach und riechen sie, in beiden Bedeutungen. Sie sind von dem Gestank durchdrungen, sie dünsten Kuhmist aus, Genet atmet den Doppelgeruch ein.

> »Unter den Röcken von Hendrickje, unter den mit Pelz gesäumten Mänteln, unter den Leviten, unter dem extravaganten Kleid des Malers erfüllen die Körper sehr wohl ihre Funk-

tionen: sie verdauen, sie sind warm, sie sind schwer, sie stinken, sie scheißen.«[47]

EIN EINDRUCK VON EKEL

Manche Einzelheiten sind sogar grässlich: die Schnurrbärte dreckig – was harmlos wäre –, aber hart, steif

> mit nahezu horizontal über dem winzigen Mund angelegten Haaren, ein verschmierter Mund, Rotze, die er zwischen seinen Knien auf den Waggonboden spuckte, der schon von Kippen, Papier, Brotstücken, kurz, von dem verschmutzt war, was zu dieser Zeit den Dreck eines Abteils der dritten Klasse ausmachte, hinter all dem entdeckte ich in dem Blick, der auf den meinen traf – und dies empfand ich wie einen Schock – eine Art universaler Identität aller Menschen.«[48]

Ich entdeckte, sagt Jean Genet, der Serrano vorausging – und dies empfand ich als Schock – eine Art universaler Identität aller Menschen

> Sein Blick war nicht der eines anderen: es war der meine, den ich *aus Versehen und in der Einsamkeit und in Vergessenheit meiner selbst*

in einem Spiegel traf. Das, was ich empfand, ließ sich nur [in diese Form übersetzen]: ich floß aus meinem Körper und durch die Augen in den des Reisenden, *zur selben Zeit wie der Reisende in meinen floß*. Oder besser: ich war ausgeflossen, denn der Blick war so kurz, daß ich mich nur noch mit Hilfe dieses verbalen Tempus daran erinnern kann.

[...]

Was ist das denn, was aus meinem Körper geflossen war – ich fl... – und was von diesem Reisenden floß aus seinem Körper?[49]

Je m'éc, sagt er.

Auch Christus ist ein Kerl, ein *Mec*

Auch Rembrandt verdaut und scheißt.

Die Mutter auch. *Chiemère*, Schimäre, Schietmutter

Auch Serrano ist ein Mec

Er hat seinerseits das *Äquivalenzprinzip* wiederentdeckt, das Genet formuliert: »Jeder Mensch ist so viel wert wie ein anderer.« *Comme un veau vaut un autre veau* oder wie etwas, das nicht währt, etwas anderes wert ist, das nicht währt. Jeder Stuhl ist einen anderen Stuhl wert.

Das Prinzip des Predigers: Nichts Neues unter der Sonne. Der Unterschied wird durch den Ausschnitt, die Montage, die Inszenierung, die Beleuchtung, die Kunst bewirkt.

»Jeder Mensch«, sagte ich mir, sagt Genet, denkt Serrano, »hält hinter seiner charmanten oder in unsern Augen scheußlichen Erscheinung eine Eigenschaft zurück, die wie eine äußerste Zuflucht zu sein scheint, und die dazu führt, daß er – in einem sehr [geheimen], vielleicht nicht auflösbaren Bereich – das ist, was jeder Mensch ist.«[50]

Dieser Gedanke eines geheimen, irreduziblen Residuums führt sie, Genet, Serrano, zu den Schlachthöfen, um zu sehen.

Und dann versäumen sie nicht, diese Gleichwertigkeit in dem starren, aber nicht blicklosen Auge abgeschnittener Schafsköpfe zu finden, die pyramidenförmig auf dem Gehweg aufgeschichtet sind.

– Wo soll ich aufhören? fragen sie sich.

Dass bloß keiner glaubt, diese apokalyptische Entdeckung lindere den Schmerz.

Im Gegenteil: es ist die Wunde, die irreduzibel ist.

Eine Decke aus Trübsal fällt auf ihn nieder. Aus dieser Decke macht er den Hintergrund für seine Visionen.

Er geht voran, führt seine Schlacht, ordnet Serien an. Es ist stärker als er: der Singuläre, der Einzelne wird sofort wieder aufgenommen und in Serie nachgespielt. Es riecht, es denkt in ihm in Völkern, in Kolonnen, Gesellschaften, Festzügen, Banden, Kollektiven, Kompanien,

in Theorien,
in der Theorie
weiß man nie, wann es endet

Eine Serie denkt, ruft, erinnert an eine andere Serie

Riten bilden sich. In Serranos Kopf wird jedes Mal, wenn ein neues Stück sich ankündigt, derselbe Prospekt (*backdrop* im Englischen) aufgespannt, denn diese Formationen präsentieren sich in einer theatralen Aura.

Antike Chöre, der Tod erwartet sie, bleiben wird von ihnen dieses Residuum eines Blicks.

Machen wir die folgende gulliversche Erfahrung:

Oder jenes Bild I von Shit: Man verkleinert es bis auf die Größe eines Kaninchenköttels. Da macht es uns keine Angst mehr. Wenn man es dagegen mehrfach vergrößert, packt uns das Entsetzen: Es erscheint uns bedrohlich wie der

Berg der Versuchung, der Franz von Assisi in einer Halluzination erscheint.

Wenn das Verdrängte wiederkehrt, dann kehrt es mit der Sturzkraft einer Flutwelle wieder. Angeschwollen vom unkontrollierbaren Geist der Rache. Welche Angst herrscht dann, von dem, was man ausgestoßen hat, verschlungen zu werden. Angst vor den Völkern, die in den Kontinent beißen, der uns gehört.

Angst vor den Bettlern. Den Leprakranken. Den Armen. Vor dem zerfressenden Hass. Angst vor Invasion. Vor Ansteckung. Vor dem Ertrinken. Angst, vom Unrat getötet zu werden.

THEORIA

Sie kommen zu uns in einer feierlichen, organisierten Prozession, wie einst eine Theoria, die Festgesandtschaft einer Stadt zu einer Feierlichkeit. Wie ein Zug, der sich zu einem Tempel oder zu einer Beerdigung begibt.

Ein Zug zerfallender Kolossoi. Warum beeindrucken sie uns? Was es nicht gibt: Hinter diesen zerklüfteten Skulpturen liegt keine Landschaft, in die diese Ruinen und Reste eingebettet sind. Keine fernen Erinnerungen hinter den Gestalten, keine Hügel, Täler, Flüsse oder Städte, keine Kirchtürme oder Minarette.

Die Kolosse sind bezugs- und bodenlos, isoliert. Ohne Ursprung und ohne Zukunft. Auf der Bühne eines verlassenen Theaters zurückgelassene Klumpen.

Nichts bleibt außer den Überbleibseln in der Serrano-Welt. Die Umwelt ist vollständig verschwunden. Die Trümmer der Menschheit sind in einer Phiole aufbewahrt.

Jenseits des Gegensatzes von sauber und unsauber, eigen und uneigen reiht sich da die Shittery vor dem Künstler auf und posiert, posiert mit der neutralen Geduld eines Modells für den Fotografen. Eine Fügsamkeit waltet über der Folge. Passivität, sogar Geduld, Passion, fern von Schrei oder Seufzer bis zum Schweigen getrieben. Welch ein Schweigen!

Nie sah man eine so schweigsame Prozession

Und dennoch

Wenn er auf ein Fäkaliengemälde fällt, dann weicht mein Blick zurück, ohne dass ich etwas dafür kann, er schaudert, flieht. Als habe er aus Versehen das Fäkalfeuer berührt. Als habe er als kleines Kind gefürchtet, dass die Wölfe aus dem Bild hervorstürzen und sich vor ihm aufpflanzen. Es braucht alle Anstrengung des Denkens, um ihn vor das Gemälde zurückzuholen. – Was ist da denn, das dich in die Flucht schlägt? Da ist nur ein kleiner Haufen Urschlamm. Sagt mein Denken.

Nicht ich bin es, mein Gedächtnis eines gebrannten Kindes ist es, das mit Furcht reagiert. Man hat das Kind, das in mir in den Wünschen und Ruinen spielt, gewarnt, dass das schmutzig, dass es das Schmutzige selbst ist. Ein Schmutziges, das sich durch die Aussendung eines Gestanks schützt.

Ist die Fotografie geruchlos? Nur »in Wirklichkeit«. Aber wir sind nie in der Real-Wirklichkeit. Wir sind in der Fantasie-Wirklichkeit. Es stinkt in der Fantasie, noch mehr im Innern.

Man kann nicht einfach sagen, dass die Serie der Serrano-Shitsters stinkt.

Man kann auch nicht einfach sagen, dass die Shitsters nicht stinken.

Man kann nicht sagen, dass die Fotos keinen Geruch haben. Und auch nicht, dass sie einen haben.

Wer wird uns den Ursprung des Ekels offenbaren, des *Dé-goût*. Die analytische Legende erzählt, dass die Empfindung des Ekels ursprünglich eine Reaktion auf den Geruch der Dejekte zu sein scheint.[51]

Und später auch auf ihren Anblick.

Und später auf den Gedanken daran. Den Gedanken an den Geruch, den Gedanken an den Anblick. Was wir »Scheiße« nennen, stinkt. Wir nennen alles Scheiße, was wir verschwinden lassen wollen. Die Serie der Verurteilten ist endlos: black shit, jew shit, bull shit … die Liste ist zu vervollständigen, in allen Ländern, zu allen Zeiten …

Wenn Shit, der verkannte Held, der Obdachlose, der Mensch auf der Straße, zwischen Amerika und Comédie-Française schlüpft, auf dieselbe Bühne, dann, weil Andres Serrano ihnen naturgemäß *Asylrecht* gewährt.

Jedes beliebige Element, Sache, Scherbe, Residuum, Schälrest kann die Aufmerksamkeit auf sich ziehen und einen Augenblick lang Objekt eines Blicks sein. Augenblicksaufnahmen aus der Welt des *immonde*, des Abweltigen, Abscheulichen.

»Wenn mein Theater stinkt, so deshalb, weil das andere gut riecht«, erklärt die Erklärung der Rechte alles Existierenden, auf der Erde zu wohnen, laut Genet.

REKRUTIERUNG

Sie waren auf dem Weg zurück zum Staub. Da hält Er die Residuen zurück, unterbricht das Los, das sie dazu führt, (sich) der Natur zu übergeben. Da sind sie nun angehalten. Wiedereingeschrieben. In einem Gedächtnis archiviert, vermenschlicht. Er bezaubert sie und zieht sie in eine Erzählung, richtet sie in einer umfassenden Konfiguration ein. Er verleiht ihnen Namen. Diese Haufen Sein, die zum Nicht-Sein hingingen, da sind sie im Handumdrehen eines Fotoapparats groß ausgestellt. Vergrößert. Prächtig. Es sind Stars. Und er, Andres (sein Name ist Mann), er ist gleichsam der Hüter der bedrohten Arten, der Schutzpatron der Arche der Nichtse.

SHCRYPTONYMIE VERBARIUM[52]

Wie in einer Gegenbewegung zu seinem Sammeltrieb, seinem Drang zur Aufhebung und Erhebung von Materien ist der Gebrauch des Wortes *Shit* ein allgemeines Reduktans, ein geläufiger Gattungsname, so wie ein Buchtitel eine bequeme Reduktion für einen weltweiten Inhalt ist.

Alles geht vor sich, als ob der Künstler dieser geduldig versammelten Herde das Siegel des Besitzers aufgeprägt habe. So tut es der biblische Mensch mit den Tieren.

Auf der Erde aber sind die Fäzes auch *Wörter*, wie die Anthropologen und die Bauern wissen. Das fäkale Verbarium ist ungeheuer reich und poetisch, im Maße der freundschaftlichen Beziehungen und des Austauschs, aus denen die koprobiologische Ökonomie gewebt ist. Nehmen Sie die folgenden *Auguren*: Columbina, golden, Hirschgelos, Knödel, Fladen, Losungen, Spiegel, knotig, faltig, leer, Eidechsendreck. Das sind die Spuren, die uns anzeigen, dass hier Federtier oder Rotwild vorbeizog, Wildschweine, Hasen und andere Brüder, die nicht wilder und nicht weniger wild sind als die Humier, die Menschen

Auguren sage ich: denn in Wahrheit sind sie Wachstumsfaktoren, Erntevermehrer. Man muss nur zu lesen wissen.

VON DER EINBILDUNGSKRAFT

Seinen eigenen Geruch riecht man nicht, bemerkt Montaigne. Was den Geruch des anderen betrifft, so ist es der abscheuliche Gedanke, der mich stört.

Ich rieche ihn, ehe ich ihn überhaupt gerochen habe.

Das Schmutzige ist dem Menschen der Stadt eigen.

Der Mensch der Erde weiß um den Wert des Mistdungs, der sein Feld fruchtbar macht.

Was abgeschieden worden ist, was nicht vom Kreislauf dieses Körpers verarbeitet werden kann, kehrt in den Kreislauf zurück, der die lebensnotwendigen Vorräte produziert

– Aber trotzdem isst man nicht seine Exkremente, es gibt eine Grenze, nicht wahr, sagt man sich.

– Ja doch, man isst sie noch einmal. Ganz gleich welche Spezies, alle wilden Geschöpfe nehmen, beispielsweise wenn sie an einem Mangel an Pankreasenzymen leiden, diese reichen Eintöpfe wieder in sich auf, die das Subjekt wieder ins Gleichgewicht bringen. Mineralien, Oligoelemente, Fasern, Eiweiße. Der Kot ist nicht nichts. So das Wort des Tierarzts.

Es sind die vermenschlichten tierischen Geschöpfe, die die häuslichen Verhaltensweisen der Abstoßung verinnerlicht haben

Was Serrano macht: einen Doppelschlag. Einerseits überschreitet er und erschüttert bis zum Ekelschrei die Vertreter der instituierten Sublimierungen (die Vertreter der Religionen und anderer Museen). Andererseits *füttert* er seinen Fotoapparat. Fütterschütternd überschreitet er.

UND DIE ERDMÄNNCHEN?[53]

nicht nur sind diese kleinen Kolonien die Anmut selbst (ich denke vor allem an die Suricata suricatta aus Südafrika, ihre Behändigkeit, ihre Eleganz, die Sorge, die sie umeinander hegen, und dies weit über den Familienkreis hinaus)

sondern zudem gibt es nichts Bezaubernderes als ihre Analsekretionen. Nie schnupperte man Duftenderes als ihren Moschus.

Vielleicht verströmt *Mother's Shit* einen solchen Duft? Das sieht man nicht auf dem Foto, aber mir gefällt der Gedanke.

Wenn ich Andres Serrano frage, ob sich das Porträt von *Mother's Shit* auf eine persönliche Mutter bezieht, vielleicht die seine, sage ich mir, präzisiert er mir, dass es sich um den Stuhl einer Mutter aus Ecuador handelt. Sein Kommissionär hat ihn ihm mitgebracht. Besorgt frage ich: Sind Sie sicher, dass es wirklich das Geschenk einer Mutter war? Der Mann hat ihn über den Ursprung der Sache täuschen können. Man weiß nie. Eine Ersetzung ist schnell getan. Das ist gängig. – *I had to take his word for it*, sagt er mir. Ich habe ihm aufs Wort geglaubt, habe sein Wort für bare Münze genommen.

Ich glaube ihm aufs Wort. Wäre da etwas untergeschoben gewesen, dann hätte irgendein Zeichen ihn gewarnt

Denn die Mutter ist doch heilig. Ein Sohn täuscht sich nicht, zumindest in seinem Begehren. Als gäbe es nur eine einzige Mutter. *Mother's Shit* ist also durchaus ein mütterlicher Stuhl. Sehen Sie?

ANBINDUNGEN (SZENE)

Der Rest-Körper, der nicht mehr Teil des Körpers ist, der nicht mehr einen Körper mit dem Körper bildet, dessen Teil er gestern war, der Rest-Körper wird nicht verloren bleiben, ist nicht dem totalen Leichnam geweiht. Hier ist ein Passant, der bereit ist, ihn zu adoptieren.

Er sammelt die Fäzes auf. Er bewahrt sie vor der Plünderung, vor der Abstraktion.

Jedem Hinterlegten gibt er den Namen und das Unterscheidende zurück, mit der Präzision des Gelehrten, der auf die Verschiedenheiten der Arten achtet. Das ist das Mindeste: der rettende Gruß, *salut*. Dem Kaiser geben, was des Kaisers ist, dem Tapir, was des Tapirs ist, dem Schwein, dem Jaguar, dem Kaninchen, dem Wolf, dem Hund gleichermaßen und unterschiedlich die Arche der Shits bereiten. Und den Häufchen ihre unendliche Mannigfaltigkeit zurückgeben, ihre Ausdruckskraft, ihre besonderen Kennzeichen.

Später wird er sie auf einem kleinen Tisch anordnen wie auf einem Altar, der Ministrant, man wird hinter der Ikone einen Leinenvorhang in sorgfältig gewähltem Pastell entrollen. Alles wird mit Takt ausgeführt werden. Vor dem bleichen Hintergrund dargeboten wird der Haufen an Intensität gewinnen.

Der Ministrant wird seinen Ständer zurechtrücken und sein optisches Ziborium blank putzen.

Jetzt wird die Zeremonie beginnen.

Ich werde nicht überrascht sein, den Singsang von Artauds Phantom hinter dem Vorhang zu hören

[Ich bin]
Ich mache
[Scheißen Sie auf mich.]
Yo kutemar tonu tardiktra
Yo kute drikta anu tedri

NEGATIVE SHITTHEOLOGIE

What, in the names of Deucalion and Pyrrha, and the incensed privy and the licensed pantry gods was this disinterestingly low human type, this Calumnious Column of Cloaxity, this Bengalese Beacon of Biloxity, this Annamite

Aper of Atroxity, really at, it will be precise to quarify, for he seems in a badbad case?[54]

Es ist nicht Duchamps spiegelblankes Urinal
Es ist nicht Man Rays Gebet
Es ist nicht blank
Es ist nicht höflich
Es ist nicht rot
Es ist nicht blau
Es ist nicht weiß
Es ist nicht schwarz
Es ist nicht schön
Es ist nicht elegant
Es ist nicht glatt
Es ist nicht hohl, außer einmal, durch den Trick eines Daumendrucks
Es ist nicht fabriziert
Es ist gemacht

Es ist nichts Wiederverwendetes
Es ist nichts Wiederaufbereitetes
Es sind nicht die Knochen-Kleiderbügel von Louise Bourgeois
Es sind keine Objekte
Es sind Nobjets trouvés

Was übrig bleibt von der Vorstellung verlassener Kinder

Er kennt die Analyse und *bedient sich ihrer.*

MATERIE

All dies ist vielleicht nur ein Monument für und mit Mutter, von der (nicht mehr als) diese anspruchslosen Fragmente ohne Hochmut bleiben.

Denn aus ihr, *mater*, entspringen all diese Materien. Aber *mater* die Erste, insofern sie der Stamm des Baumes ist, der als Produzent von Sprösslingen gilt, der harte Teil im Gegensatz zu Rinde und Blättern, der Teil, der das Holz zum Bauen liefert, ist die Mutter mit dem Kind, die Mutter mit Kindern. Als *mater* ist sie die Amme, als *materies* ist sie das Lebensmittel, Nahrung und Genährtes.

Die Materie ist der Stoff der serranischen Forschung, Andres' zerstückelte Mutter, Thema und Inhalt seines Beobachtens.

Schließlich wird er das Verworfene, *le rejeté*, nicht verworfen haben. Außer dem Spross, gerettet – *Sauf, le rejeton*.

MÄRCHEN

Es war einmal ein kleiner Junge, klug von frühester Kindheit an, der es nicht mit sich machen ließ.

Seine erste Erinnerung ist, seiner Nachbarin in die Wange gebissen zu haben. Er sieht sie noch vor sich: eine fünfundzwanzigjährige Frau, die einen großen Busen hatte und viel Rot. Anscheinend war es dieses Rot, das ihn stach. Ein Kardinalsscharlach. Weil sie mitten auf der Wiese saß, war die Wange genau auf seiner Höhe. – »Küss mich, Andres«, sagte sie. Er wollte nicht. Sie wurde wütend. Er biss kräftig zu. Man machte ihm ein Verbrechen daraus. Man sagte ihm, er sei ein Scheusal. Er erinnert sich an die grellen Farben der Szene. Die Frau trug ein granatapfelrotes Gehänge.

Diese Erinnerung, Sie werden sie wiedererkannt haben, ist aus dem Leben von Henri Brulard, das heißt Stendhal, rekonstruiert. Sie ist so wahr falsch wie die Erinnerungen aus dem Leben von Andres Serrano: grelle Farben, anziehende und abstoßende Körper, Zahnhiebe. Es gab auch Tierleichen, die ihn aufbrachten, wegen der Gleichgültigkeit, die sie umgab.

Mit fünf Jahren lehnte er sich gegen die heilige Geschichte auf, die seine Amme erzählte, und kritisierte mit unerbittlicher Strenge die Schwachpunkte des heiligen Textes. Anfangs erhob er sich gegen den Leidenscharakter der Figur Christi. Das hatte für ihn nichts Schönes, nichts Gerechtes. Er richtete seine Kritik gegen Gott den Vater: War er allmächtig, dann war es seine Schuld, wenn die Menschen böse waren und Übles und Schmutziges machten. Worauf sie dann in die Hölle gingen. All das war skandalös. Auf die Frage: Hatte Christus einen Hintern? antwortete die Amme, Christus sei ein Mensch gewesen. Auf die Frage: ob Christus auch geschissen habe? verschloss sich die Amme in Schweigen.

Als er zehn Jahre alt war, hatte er seine Erstkommunion und seine Erstejakulation. Bisher musste er, wenn er auf der Straße drei kleine Pferdeäpfel liegen sah, zwangsläufig an die Heilige Dreifaltigkeit denken. Er hörte auf, zur Kirche zu gehen. Zumindest zur »amerikanischen« Kirche, zu der, die ohne den Abstand der Metapher am Märchen klebt. Später wird man ihn wiederfinden, zum unerbittlichen Fotografen geworden, Künstler der entwendeten Obszönität.

he got the charm of his optical life when he found himself (*hic sunt lennones!*) at point-blank range
blinking down the barrel of an irregular revolver
of the bulldog with a purpose pattern, handled
by an unknown quarreler who, supposedly, had
been told off to shade and shoot shy shem Serrano should the shit show his shiny shnout out awhile

to look facts in their face before being hosed
and
creased by six or a dozen of the gayboys.[55]

KATASTROPHEN

Droppings, Dejekte, andere Namen von Katastrophen. Kackhaufen sind kleine Katastrophen.

Der Tsunami ist laut dem amerikanischen Anthropologen James Siegel von den Einwohnern von Atjeh in Indonesien als die Große Katastrophe der Kackastrophen erlebt worden. Diese Bevölkerung von Sumatra hat ihre ältesten Epen und Volksmärchen stets mit einer Einbeziehung der Kacke gedüngt. Es gibt also eine Shitdeutung, und genauso nimmt auch in Indien die Frage der Reste einen bestimmenden Platz in der Hindu-Mythothcologie ein.

Die Götter selbst sind residuale Residenten. Ich komme zur Großen Katastrophe zurück. Nach Siegel ist der Haupteffekt des Tsunami, der alles verschlungen, zerbrochen, fortgetragen hat, eine Unflat-Besessenheit. Ein Mann hat sieben Familienmitglieder verloren, die von der Scheiße getötet wurden. Sie sind nicht ertrunken. Sie sind vom Abfall zerschmettert worden (hit on the head). O horrible, horrible!

Noch heute werden die gigantischen Massengräber mit Trümmern, mit Unrat bedeckt. Der Tod ist eine Sache, der Unrat ist eine andere Sache. Die Große Katastrophe ist, dass die der Welt angetane Gewalt so groß war, dass die Trauerarbeit jeden Sinn, jede Möglichkeit verloren hat, die Scheiße ist nicht wieder in den Kreislauf natürlicher Fruchtbarmachung eingegangen. Das Universum ist zerbrochen. Die Phantome, die überall umherirren, jagen keine Angst mehr ein. Alle Wesen sind Phantome. Die Stadt ist voll von Leuten, die tot sind. Sie wissen nie, zu wem oder was Sie sprechen.

Der Tsunami hat das Aufkommen des absolut Unverdaulichen verursacht.

Aus dem Nirgendwo gekommen, geht er nirgendwo hin.

Als Gott voll Zorn sah, dass das, was Er gemacht hatte – so erzählt die Bibel –, Gestank ausströmte und nicht den Weihrauch- und Moschusduft, den Er erwartet hatte, beschloss er, die unerfreuliche Schöpfung zu beseitigen. So zog er die Spülung, und die Sintflut säuberte die Grube. Auf Atjeh aber ist die Sintflut eine Unflatflut. Ist dies also das Ende der Welt da unten?

Und dennoch, erzählt der Anthropologe, kann man in diesem Frühling junge Leute sehen, die auf die Abfallberge klettern und da oben einander auf Schichten von »*garbage*« lieben. Ich male mir aus, dass einige mit Fotoapparaten kommen.

KEIN GESCHENK?

Ich habe gesagt, er kennt die analytische Bettstatt, die *litière*[56], diese *litter-letter*, die Joyce in *Finnegans Wake* zu einem Hügel aufhäuft, auf dem das Urhuhn hockt (Belinda of the Dorans ist sein Name) und *this zogzag world*, diese Scheißwelt durchscharrt, um daraus *a goodish-sized sheet of letterpaper originating by transhit-from Boston (Mass.)* zu ziehen, ein Blatt Kackapier aus der Messe, zugleich Hostie, Fragment, und – *litiérature.* Auf dieser Litterliege scharrt er, dieser Hühnersohn, von dem Bedürfnis – der Hoffnung – getrieben, eines Tages mit dieser verfluchten Unendlichen Analyse ein Ende zu machen. Aber was also, von wem, könnte dieser Mühe, wenn nicht ein Ende, so immerhin eine Waffenruhe bereiten? Was von wem könnte den Laut dieser tiefgehenden Entformung ändern? Das ist es, ahnen wir, woran der Letzte der Shits denkt, der er ist, Andres

Ich betrachte sein *Self-Portrait*, dieses Porträt des Künstlers, der ganz schön angeschissen ist.

Was ist los, was geht denn nicht? Etwas fehlt zu seiner Befriedigung.

Sehen Sie die Abwesenheit?

Er hat das Geschenk der Mutter bekommen.

Und danach?

Kein Geschenk des Vaters?

Das ist *es*, woran er denkt.

Die Serie, die Sie soeben sahen, so sehr sie vom Selbstporträt des Künstlers mit Hund gezeichnet sein mag, ist in Erwartung.

Der Spross, der Abkömmling (des Unbewussten) ist hartnäckig. Er verzichtet auf nichts.

Es ist nicht, weil er vergessen oder verdrängt hat.

Es ist, weil er nicht zur gewollten Zeit die Begehrten bekommen konnte. Es hat sich ihm aufgedrängt, höchste Idee und Krönung, und wie stets in solchen Fällen, *ein bisschen zu spät*. Es gibt zwei, aber es ist immer derselbe in zweierlei Gestalt, die noch fehlen. Es handelt sich um *Holy Shit* und um *Freudian Shit*.

Er sieht sie in seinem Kopf sehr gut. Als er seinen Kommissionar, einen Taxifahrer, bat, ihm den Kot eines Priesters zu beschaffen, der *Holy Shit* werden sollte, sagte der Fahrer: »At one day's notice, it's too short«. – Ein Tag? Zu kurz. Man weiß nicht, wie lang die benötigte Zeit gewesen wäre, um das Geschenk des Priesters zu bekommen.

Was *Freudian Shit* betrifft, so bittet er seinen Psychoanalytiker darum. Er, dem er vor langer Zeit von seinem Traum erzählt hat.

Man muss sich die Szene ausmalen, mit allem, was die analytische Reflexion uns über das »Geschenk« und die Äquivalente zu denken gegeben haben wird, man muss sich den Analytiker ausmalen.

Es ist gar nicht so einfach, das zu machen. Solch ein Kackgeschenk. Ich weiß etwas davon.

– I have to push for some *Freudian shit*, sagt Serrano zu mir. Ich muss darauf drängen und drücken

Now I push him for real.

Vielleicht dachte er, ich täuschte vor? Aber es ist ernst gemeint.

Now is the time to push

Jetzt ist es an der Zeit zu drücken, sagt er

Honni soit qui mal y pense. Ein Schelm, wer Übles dabei denkt.

Honeys wore camelia paints[57]

Er wird ihn hinzufügen, diesen Freudian slip, als P.S. Pee ess.

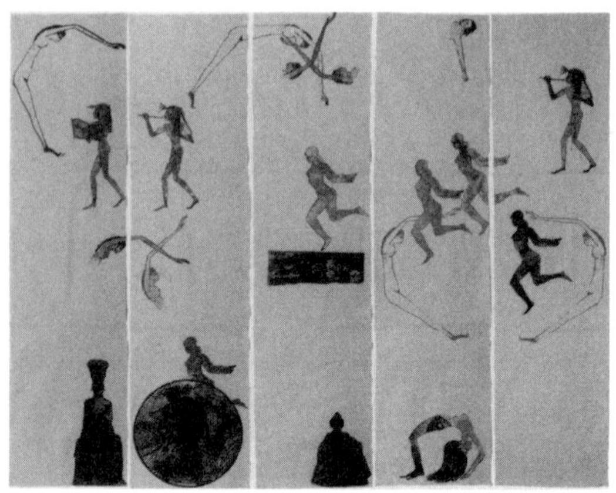

Nancy Spero: »Goddess Nut II«.
Druck & Collage, 1990. VG Bild-Kunst

Speros Dissidente Tänze

Eine Zeit in der Hölle

Spero, schreit sie, zwei Noten, die sie auf jedem zweiten oder dritten Schild oder Bild von Krieg, Folter, Grausamkeit hören lässt, wie auf eine Bombardierung eine unglaubliche ganz weiße Stille folgt, so wie man nach der Stille zwischen den elf Stunden der Todesnacht hört, wie dem Gesang des ersten Morgenvogels gleich darauf ein zweiter antwortet, so hört man den Ruf aus zwei Noten: – Lebst du? pfeift der eine, *Spero*, antwortet der andere. *Spero*: Ich hoffe. Lebst du noch? Ich glaube, ja, ich hoffe. Jener Gesang, aus zwei Noten, das ist ihr Schrei, der, den sie *nach der* anfänglichen *Explosion* hinausruft. Erst das Desaster, dann die Pirouette des Überlebens. An der rhythmischen Wiederholung, am immer wieder neu begonnenen Tanz sieht man es gut, Nancy Spero gehört zur Spezies der Dichter.

Dichterin in der Malerei. Als Dichterin hängt ihr die Seele in Fetzen, als Dichterin fängt sie mit dem Ende an. Heute ist das Ende der Welt, Gewalt und Vergessen zertrampeln die Erde, vor zehntausend Jahren hat Marduk Tiamat getötet, er hat ihr den Bauch aufgeschlitzt, sie ausgeweidet, plattgemacht, gegerbt, ihr Fleisch in einen feinen Film aus Papier verwandelt, Lampenschirme aus ihrer Haut und Seife aus ihrem Fett gemacht, und es geht weiter, das Massaker an allem was »Frau« ist auf dem Erdboden der Welt, Frau die Dichter, Frau die Revolutionäre, Frau die Träumer, Frau das vietnamesische Volk, auf das Helikopter, der Gott der Verwüstungen der Amerikaner, seine Exkrementbomben scheißt, seine Koliken aus vergiftetem Sperma kippt, zehntausend Jahre geht das so, das Ende der Welt, Frau die Juden, Frau diese Deportierten, Helikopter zerhackt die Menschen mit den Kanten seiner bleichen Swastikas, heute wie zu Zeiten Marduks unter dem Guss von Granatensperma, von Phalluskacke, wie soll man sich da nicht sagen, denkt sie, dass alle, die unter dem Zeichen »Frau« geboren werden (das heißt alle, die für die Blumen sind, für das Lachen, für die Pracht dämmernder Morgen, für die Wonnen, über griechischen Sand zu laufen, für den überwältigenden Jubel des Archimedes, die Weisen, die Dichter, die Kinder, die Meister im *Marsch zum Leben*), verdammt sind zu dem Los namens *Victimation*, denn was diese Großartigen erwartet, ist das Schlachthaus, die Zerlegung des Körpers, die Enthauptung, die Zerstückelung, die schon Osiris, der zum-Tode-geborene-Gott erlebt hat, die Zerstreuung der Stücke oder, wenn Sie das vorziehen, der Ausschluss, die Verbannung, an Ort und Stelle, die Amputation der Präsenz, die augenblickliche Verwandlung in Nichts, die Seinsaufhebung. Helikopter oder die Version ›Amerikanische Streitkräfte‹ von Geryon, dem von Dante entdeckten Flugzeug-Tier, jene gigantische Amphibie, die Anakonda mit Tatzen, Flügeln, mit Knoten und Rädern bemalten Flanken, die den beiden Reisenden im 17. Gesang des *Inferno* als riesiger Träger dient.

Und da hebt sie, Spero, ihren Hoffnungskopf einer winzigen menschlichen Heuschrecke und beobachtet, ohne mit der Wimper zu zucken, die Sitten des scheußlichen Solarkakerlaks. Mit einem kraftvollen Sprung der visionären Einbildungskraft gelangt sie zum Gipfel des Schauplatzes oben rechts vom Universum. Von da Sieht sie alles, was die feigen Menschen nicht sehen wollen. Sie hat den flammenden Blick Timons auf Athen. Vom Drachen Helikopter herab gesehen ist die Welt eine Wasserlache, worin die Kadaver der Menscheninsekten schwimmen, deren Massaker sich wiederholen. Bei Spero wie bei Dante, Artaud, Mandelstam, zeigt die Wahrheit sich in Bildern einer schreckenerregenden Poesie, jene, die in den Augen der noch ungezähmten kleinen Kinder spukt: Diese Oper der Alpträume, wo die Schlangen und Ratten durch die Löcher in die Seeleneingeweide dringen, wo Papa ein blutrünstiger Wolf ist, wo jeder weiß, dass die Geschichte kannibalisch ist. Sie entkleidet den Krieg. Sie hebt den Anschein unter dem Wort Desaster, dem Wort Terror hoch, unter den Worten, die die entsetzlichen Geschehnisse benennen und klassifizieren, da sieht sie die rohen Mysterien wimmeln, die die Kräfte der Beschreibung übersteigen. Was sich mit Worten allein nicht sagen lässt, das sagt sie in Bildern – Schreien – Farben. Seit Bosch wissen wir, dass *die Zeichnung furchtlos ist.* Sie zeichnet das Unauslöschliche. Spero, die Erleuchtete des Grauens, stößt zur Freimaurerschaft der Zeugen des Schlimmsten: der Visionär von Guernica, der Märtyrer und Maler der Desastros de la Guerra. Sie gehört zur großen Kompanie der Pestkranken und Wächter, zu jenen, die Sehen. Sie wissen, wie es im Welthirn von Todesmaschinen wimmelt und wie man, soll das Überleben eine Chance haben, die Sternenleere überfliegen muss mit einer Kette dichterischer Gleichgesinnter in hermaphroditischen Engelskörpern.

Wohin sie auch geht, nach Europa, in die Hochantike, ins Mittelalter, zu den Heiden oder zu den Christen, die Phallohassgötter sind überall dieselben; es tötet und zertrampelt. Wozu geboren sein? denkt sie. Hätte ich das gewusst! Da packt sie eine ungeheure Wut, deren Flammenzungen ihre Brust durchdringen, ihr Herz entbrennen, eine Wut, größer als sie selbst, und auf einmal kehren ihr Entsetzen, ihre Traurigkeit sich in berauschende Kräfte, und sie spürt in eben dem Moment, in dem sie klagt und sich entmutigt glaubt, dass dies versehrte Herz gleichwohl nicht sterben wird, dass es in ihr eine stärkere Stärke und ein lichteres Licht gibt als das Nichts und sein monströser Zirkus, und unterwegs zwischen Bombenkratern, den Kopf von napalmgeifernden Bestien und Wolken apokalyptischer Heuschrecken umschwirrt, an den Mauern der Museen entlang, auf der Suche nach einer Eingangstür, doch es gibt keine Tür für die farbigen Wesen, die kleinen Kinder, die Völker Frau, es gibt nur Verbotsschilder, während sie unter den schwarzen Ausscheidungen der Adlerregimente rennt, während die Mäuler der Männlichen Bomben röhren: »Du wirst immer *Draußen* bleiben, *Dehors*!«, während sie im Staub der Imperien torkelt, da sprudelt aus der Grauensglut auf einmal eine neue Freude, aus dieser *schwingt* sich eine wunderbare kraftvolle Person *auf*, die sie in sich trägt, *Essor*, die sie ist, und in dem Moment, wo die Wut in ihr ihren schrillen Schrei kreischt, da entwindet sich in leichtem Ringeln diesem Roten Schrei, wie sich aus der schwarzen Brühe der Orkane das tröstende Rund des Regenbogens löst, die Silhouette einer immer noch lebendigen Person, die stets die Zerstörung überfliegen wird, die von einem Leben lebt, in dem der Tod nicht triumphiert, in dem die Schönheit nicht zugrunde gehen kann.

Manche, manchmal – diese Erscheinung, diesen Körper, dessen Rund verehrungswürdig ist, geheimnisvoll verehrungswürdig, verehrungswürdig wie das Mysterium der Gnade, manche nennen sie *Nut*. Denn tatsächlich ähnelt sie Zug um Zug der Göttin *Cielle*, der Himmellin, unter deren Kuppel die Ägypter ihre Träume von Unsterblichkeit, von der Zeit vor der Geschichte bargen, als sie das Geheimnis des Buchs der Toten besaßen. Nut oder die Hoffnung. Ich stelle mir Speros Freude vor, als sie eines Tages (ich weiß nicht, an welchem Tag, das ist ihr Geheimnis), eines bestimmten Tages, das genaue Bild, die Zeichnung selbst ihrer eigenen Seele entdeckt und sie in einem Offenbarungsblitz, wie Proust, als er mit dem Mund die Unsterblichkeitsbotschaft empfängt, die eine in Tee getunkte Madeleine birgt, das *Form-Ding erkennt*, das *sie selbst ist*. Ich stelle mir den Schrei vor, der sich aus ihrer Kehle schwingt. Es ist ein Athletisches Halleluja. Sie hat ihre Vision. Ihre Vision schreibt sich wie eine Musiknote jenseits der Notenlinien. Wie eine göttliche Halbe. O! ∪ ∩! »Denn nur wenn wir ihnen begegnen, sind wir diesem Jubel nah, der macht, dass unsere eigenen Worte uns bezaubern und die anderen sagen lassen: Wie schön!«, murmelt Proust.

Fortan ist das gesamte an Zeit und Weite unermessliche Werk von Nancy Spero geführt, eskortiert, verzaubert von *Nut* der Offenbarten. *La Révélée. La Rêve ailée.* Die Geflügelte, Traum, offenbar.

Sie atmet – mit vollen Lungen die Luft der Gnade: Ich war dem Sterben nah und bin nicht gestorben, o Leben! Alles hallt wider, all die fünfzig hechelnden Jahre lang, von diesem verzückten, unruhigen Gefühl, das in den *Bekenntnissen* des Augustinus bebt.

Was Bekennt der Heilige? Das unermesslich weite Gedächtnisbuch hat einen Schlüssel. Er liegt in drei Worten: *Sero te amavi.* Drei Worte, deren Seufzer, Atem, von aller Traurigkeit und Freude der Welt vermischt duftet. »Zu spät habe ich dich geliebt«, sagt der Heilige. Das ist sein Bekenntnis und sein Genie. An wen richtet er dieses sublime und undenkbare Geständnis? An die Schönheit. An Gott, *geliebt im Weiblichen seiner Schönheit.* An die Schönheit als Weiblichkeit Gottes. *Zu spät habe ich dich geliebt. Sero-te-amavi!* Aus diesen drei Worten steigt für alle Dauer der Menschenzeiten das schönste Glaubensbekenntnis der Welt auf, der Gründungsakt des Mysteriums der Liebe: *Sero* habe ich dich geliebt. *Sero*: zu spät. Zu spät, und dennoch nicht zu spät. Denn als ich dich noch nicht liebte, o Schönheit, als ich dich noch nicht *gesehen* hatte, dich, da liebtest du mich schon. Du rettetest mich, du hast mich gerettet, du hast mich gefunden, ehe ich dich fand. Du hast mich erwartet. Du hast mich erhofft. *Spero*, ich hoffe, dachte die Schönheit. Dem Heiligen indes fehlte ein Buchstabe. Nur ein Buchstabe. *Sero.* Es gab eine Verspätung. Es gibt immer eine Verspätung. Du warst mit mir und ich war nicht mit dir. Was ich soeben in Erinnerung gerufen habe, diesen Ausdruck des irreparablen und reparablen Schmerzes, diese Verspätung, die nicht säumen wird, sich umzuwenden und sich auf die Gnade hin zu öffnen, das ist die Geschichte der Schönheit, es ist die Geschichte des Kunstwerkes, es ist die Geschichte von Speros Werk.

Ich nehme den Faden wieder auf. Am Anfang ist *Sero.*

Am Anfang war alles schwarz, die Malereien, die mir kamen, wurden vor meinen Augen schwarz, erinnert sie sich. In jenen Zeiten sind die Wörter, die kommen, geführt von *Nein*, Nancys Nein, in allen Sprachen. No, Non, Nem. Es ist das Nein der rebellischen Künstlerin. Nein um Nein, Zahn um Zahn. Das Nein von Stephen Dedalus: *I shall not serve.* Ich werde mich nicht beugen, ich werde nicht bitten und nicht beten, ich werde schreien: *I do not challenge.* Das Nein Ingeborg Bachmanns zum Alptraum-Vater in *Malina.* Zu jener Zeit ist sie Spero ohne Gesicht, ohne Visum, ohne Pass, unzulässig. Was die Menschen den Menschen antun, ist zum Heulen. Was die Männer den Frauen antun, ist die Hölle. *Antun*, was sage ich. *Untun.* Kaputtmachen. Deshalb beginnt sie (zu) Malen, um zu schreien *I do not.* Man musste schreien, nicht um sich vernehmbar zu machen, sondern um sich selbst zu hören. Sie schreit. In Malerei. Sie schreimalt. Unterzeichnet die Schreie in Malerei. Die Explosionen, die Schläge, die Toten, die Gefängnisse: sie schreit sie. Sehen Sie sich dieses außergewöhnliche Manifest der Spero-Rebellion an, mit dem Titel *Homage to New York.* Sie schreit es 1958. Ich liebe es abgöttisch: Es macht mich ungeheuer lachen. Es ist das erste ihrer Selbstporträts. Selbstporträt von Nancy und Spero als zwei Clowns, die neben dem angeschwollenen Monument der Abstrakta posieren, das in Gestalt eines Grabphallus errichtet ist, steinerne Zunge, flankiert von zwei sehr lebendigen Zungen, die nach unten zu Spero und Nancy hin herausgestreckt sind. Ein Geniestreich, man wähnt sich in einer dekonstruierten Abstrakt-expressionistischen Version des Sommernachtstraums. Der Esel ist nicht der, der man glaubt. Von den Abstrakten bleiben nur unlesbare Initialen. Man hat nur Augen für die beiden köstlichen Clowns, die Eselsmützen, die Faxenmacher-Mutanten, Hanswurste, die lebend einer nekropolitischen Komödie entsprungen sind. Keine Provokation, sagt das von dem Paar beseelte Ding, *I do not challenge*, all diese steinernen Phalloi, diese spottenden Zeigefinger, diese hohlen Konsonanten, ich fordere sie nicht heraus. Paralipse, die eine lange Nase zeigt, Zeichensprache. Beschwörung im doppelten Wortsinn, das heißt Heraufbeschwörung und Exorzismus. Chicago gegen New York, es ist der Trojanische Krieg, Tiamat streckt Marduk die Zunge heraus, die figürliche Kunst scheißt auf die Abstraktion. Nancy und Spero nehmen die Herausforderung nicht an, *heben* sie *nicht auf* – sie äffen, als er, als sie, die steinerne Prätention der Aufgerichteten nach. Sie fordert nicht heraus, sie macht sich aus dem Staub. Sie misstraut der Herausforderung. Was sie vorschlägt, ist eine ganz andere Herausforderung, eine Alternativherausforderung, eine De-figurierung, die Entstellung von *tombe* in *tongue*, das Grab wird Zunge und Sprache, eine Verflüssigung des Steins, ein *mock-homage* à la Lewis Carroll. Anstelle des Trockenen das Feuchte, anstelle des kapitalistischen Inventariums, der ruhmgierigen Zahl, zwei ganz offensichtlich illegale hinterbänklerische Clowns.

Ein Manifest in Gestalt eines Adieus: In eben dem Moment, wo Spero die Augen öffnet, sind die abstrakten Expressionisten an der Macht. Eine ganze Geschichte der modernen Kunst richtet sich da vor ihr auf und macht das Gesetz. Sie erträgt die Verwässerung der Grausamkeit in der Abstraktion nicht. Wie man weiß, ist sie nicht die Einzige, die die abge*fuck*ten Mauern des Museums in die Luft jagen will, nicht die Einzige, die zur Kunstgeschichte *Scheiße* sagt. Spero der Clown rittlings auf dem Phallhelikopter hat einen sehr gewaltigen und sehr verrückten Höllenführer, es handelt sich um den überwältigenden Artaud le Mômo, den Märtyrer-Vorgänger, der den berühmten Text von April 1947 ausgespuckt hat.

Zehn Jahre ist die Sprache fort,
eintrat an ihrer Statt
dieser atmosphärische Donnerhall
  dieser Blitz,
vor der aristokratischen Ausbeutung der Wesen
aller edlen Wesen
  von Arsch,
Fotze, Pimmel …

Zehn Jahre ist es 1958 her, dass Artaud geschrien hat: »Zehn Jahre ist die Sprache fort …«

und da erreicht sie der Brief des »Wahnsinnigen«, der wegen exorzistischer Kunstgriffe in der Irrenanstalt festsitzt, erreicht sie, Spero, genau zur rechten Zeit, um die Wahrheit aus dem Grab hervorzuzerren.

Was wird Artaud ihr vererbt haben? Als Erstes die Paradoxie des Briefes: Die Sprache ist fort, *bleiben die Briefe, die Buchstaben.* Geniestreich, der *Codex Artaud* unternimmt eine grammatische Revolution. Es geht darum, den Mômort, den Mototen wiederzuerwecken, Artaud wiederzuschreiben, ihn aufzuheben, indem man ihn mit seinen eigenen Buchstaben wiederaussät. Sterbende Briefe, Briefe, die dem Tode nahekommen. *Skelettres.* Unbeachtet. Tote Buchstaben. Reste. Der Codex ist das Zeichnungwerden der Buchstaben von Artauds Namen. *Spero opère, s, p, o, re,* sie operiert, man nimmt den Namen auseinander und schafft die Welt neu mittels Paronomase des Namens Welt, von Name zu Welt.

Sie wird die außergewöhnliche Schönheit des Buchstabens Körper erfunden haben, des Körpers des Buchstabens, des Körpers, verbuchstäblicht in Π, in Pi, in η, in E.

Wir sind leidende Buchstaben. Wir sind nicht zugestellte Briefe. Wir sind geschrieben. Mit der Magie der Mischung von Bildlichem und Buchstäblichem lässt sie, im Buchstaben, die Zeichnung aufkommen. Man muss den Buchstaben wie einen stummen Schrei ausstoßen. In Reiterationen. Bis zur Geometrie. Man kehrt zurück zum Ursprung des Textes als Teppich. Das Zeichnungshafte, die Zeichnungshaftigkeit wiederfinden, die der Orient kennt – während das Abendland keine kalligrafische Tradition hat.

Spero ist Antwort auf Artauds Klage, die in diesen Worten niedergelegt ist:

Allein von September 1937 bis heute ist mir widerfahren, dass ich verhaftet worden bin. In Dublin ins Gefängnis gesteckt, nach Frankreich deportiert. In Le Havre interniert. Von Le Havre nach Rouen überführt. Von Rouen nach Sainte-Anne in Paris. Von Sainte-Anne nach Ville-Évrard. Von Ville-Évrard nach Chezal-Benoît und von Chezal-Benoît nach Rodez. All meine Sachen sind mir von der Polizei weggenommen worden und all meine Papiere sind verloren gegangen.
Artaud

und die sie speichert (somit ist alles verloren außer der Klage). Alle Papiere somit – verloren kehren sie zurück, Phantome, Gäste, aufgelesen und wiedergespielt. Und ebenso alle Stücke – körperverloren sind sie wieder zusammengeklebt, auf dem sperischen Papierraum. S macht ihre Arbeit einer New Yorker Isis. Sie sammelt

Artaud auf, die Trümmer und die Abfälle Artaud, und macht daraus *Speroglyphen*. Als wäre sie, SP, ein PS Artauds. Sein Postskriptum, sein Nachgetragenes.

Artaud, pas trop tôt, marteau Artaud, Tard, tarot

Artaud, nicht zu früh, Hammer Artaud, Spät, Tarot

I couldn't have borne to know
You alive your
despair.
Spero

Diese Speroglyphen, das ist die verlorene Sprache Artauds, die sie wiedergefunden und auf ihre heilige Schriftrolle gepfropft haben wird.

Als Zweites wird der Mômo ihr das Vorbild, die Kraft, den Mut, die Dringlichkeit gegeben haben, *einen Skandal in der Malerei zu machen*. Die Kunst, nein, wir werden nicht zulassen, dass sie ihr das Denken konfiszieren. Die Kunst will nicht nichts sagen. Die sieht, die tritt immerzu in den Kampf. *Die will sagen*: »*ich will was* sagen«, die will nicht nur was sagen, wie das Idiom es uns vernehmen lässt, sondern die bedeutet; ist übersetzbar. Die will sagen *Will*. Es gibt was zu sagen. Spero hat *uns* so viel zu sagen. Fest entschlossen, wie sie ist, den Empfängern Schläge zu versetzen. Ihre Zeichnungsbriefe richten sich an die Vorübergehenden, rufen sie laut und heftig an, halten ihnen Ansprachen. Spero *Will* sich vom Gespenst US befreien, das den Weltkörper parasitiert, sie Will aber auch, mit Zeichnungsschlägen, uns erschüttern, uns aus unserem Dämmer zerren. Spero ist eine Kämpferin. Sie attackiert den Schlaf des Bewusstseins, aber auch die Stützen und Träger, die Stabilität, die Kunst im Museum der Macker, den statischen, stagnierenden Zustand des Kunstwerks. Und übrigens – keine Stütze, kein Bildträger. Die Geschöpfe müssen unter den weiten Himmel hinausgelassen werden. Die Prometheen befreien. Die Zeichnung loslassen, mag sie sich in die Luft oder aufs Wasser schwingen.

Die Illuminationen. Zeit für die Frauen

Klagt die Hölle den unheilvollen Marsch des Mannes an, so feiert das Paradies den Flug der Frau. Ihr zerstört die Welt? Dann muss ich die Überlebenden in die Höhen schwingen. Wer will mir verwehren, eine andere Welt zu erfinden? Einen anderen Körper? »Die Frauen«: Ornithologische Phalanxe, in diesen Ensembles von üppigen Wandernden findet der *Instinkt des Aufstands* seinen Ausdruck. Nach den Helikoptern die himmlischen Schwimmerinnen, *gelöst, entbunden*. Unten, in den Folterqualen, waren sie *angebunden*, gefesselt, behindert, ausgeliefert, geopfert, Frauen Geiseln der Sadismen. In dieser anderen Zeit, unter diesem Namen »Frau« macht ein fabelhaftes Feengewimmel eine andere Geschichte. Luftig wie ein Nichts sind sie die Königinnen der Luft.

Die Speroischen Frauen sind wie die Verse der Göttlichen Komödie, sie schwingen sich auf, entfernen sich, vom Schrecken, setzen sich nicht, ruhen sich nicht aus, sie entkommen, doch sie antworten sich, sind allein, und folgen doch einander wie machtvolle Musiknoten. So stark, Meisterinnen des Laufs, einsame Stars, überlebende Göttinnen, Abgrundüberschreitende. An ihrer Schönheit, an ihrer Siegesmiene, an ihren flügelerhobenen Armen, an ihren zum Tanz strebenden Schritten, erahne ich, dass sie die Töchter des Freiheitstraumes eines Wesens, einer Wesin sind, die von der alten Geschichte in die unsichtbaren Gefängnisse geworfen worden ist. Sie sind die Emanationen einer empörten Seele. Aus dem Stoff der Hölle zieht sie unbezwingbaren Stolz.

Lassen wir die Söhne den Vätern hinterherrennen, sagen diese Frauen, mögen sie dem – kapitalen – Herrn, dem Kopfabschneider, in die Fußstapfen treten, wir aber spielen die Töchter der Lüfte, wir strecken die Zungen und machen uns mit unseren Sprachen aus dem Staub. Und in einem Sprung mit der alten Logik brechend, in der die denkende Sprache dem Haus Vater und Sohn unterliegt, entfleuchen sie mit kräftigen Sprüngen in den unberührten Raum. Wohin bringen uns ihre akrobatischen Flüge? In die alterslosen Tiefen ohne Rand und Grund, in denen sie mit solcher Kraft in ihrem Flug die verlorenen und wiedergefundenen Zeiten erwecken, mit solcher Kraft die vergangenen und künftigen Jahrtausende beschwören, mit solcher Kraft das Ende des Schreckens und die Geburt eines neuen Körpers prophezeien, dass sie es schaffen, die Rückkehr der guten Göttin herbeizuhalluzinieren, *Nut die Cielle*, die uns einst verlassen und unter der Erde vergessen hatte. Eine wunderbare Schwerelosigkeit folgt auf das Zerbombte Zeitalter. Die Schönheit kehrt aus dem Exil zurück. Venus, an die wir nicht mehr glaubten, kommt und wird wiedergeboren, ganz neu. Das Zeitalter der dissidenten Tänze hat begonnen. Gelöste, Absolute aus allen Ländern, schalkhaft, wie köstlich und komisch sie sind, diese Körper, die *sich nicht mehr behindern lassen*! Diese Körper, die sich nicht mehr der Opposition, der Zuweisung, dem Verbot, dem Ausschluss-Einschluss-Prinzip unterwerfen. Wenn ich Lust auf einen Penis-Strauß habe, sagen sie, diese Körper, die vom Geschlechtergegensatz freigesprochen sind, dann pflücke ich mir einen, und wenn ich mehr als einen will, wer will mir verwehren, nach Belieben zu genießen, je mehr Brüste man hat, desto mehr nährt man, je mehr Irre wir sind, desto mehr gibt's zu lachen.

Andere, stelle ich mir vor, würden diese Pluralisierung »Fetischismus« nennen. Ich glaube, dass Speros fröhliche Heldinnen vielmehr *Jem'enfichistinnen*, Istmirschnuppinnen sind und im Unbewussten hausen, das, wie wir wissen, das Nein nicht kennt und die Arbeit mit Propfung und Supplementen pflegt. Und deshalb *erkennen* wir sie mit einem Wonneschrei *wieder*, die elegante Revenante mit den empfindlichen Organen, vielgeschlechtlich wie die Früchte des Baums von Gut und Böse. Wir hatten sie im Traum gesehen, diese Wesin mit Ledas Schwanenhälsen, mit den kleinen dreieckigen Brüsten, die wie Kinderzeichnungen aneinandergereiht sind, mit den langen feinen Pfoten Josephine Bakers, mit Stöckelschuhen oder vielleicht Stöckelhüten, und mit der Schlankheit einer anmutsvollen Kriegerin. Die nicht posiert. Die sich die ganze Zeit bewegt. Die die Zeit bewegt. Die uns vor Lachen schüttelt. Und dennoch …

Schlüpfen wir in den Seelengrund, ins Atelier, da ist Spero eine schmale Frau, die nicht recht weiß, wie sie sich halten soll, die mit Ernst und

Besorgnis spricht, sich räuspert, sich als leichter Schatten hinter den strahlenden Körpern ihrer Geschöpfe aufrichtet. Eine Fadenförmige von Giacometti. Was ihren lebensstrahlenden Geschöpfen ein winziges Zittern verleiht, als fühlten diese luftfahrenden Figuren unter ihren Flügeln, unter ihren Sprüngen, dass ihre Urheberin insgeheim eine zerbrechlich zarte Frau ist, die die Spuren der Foltern einer anderen Zeit trägt, eine verfolgte, gejagte, wankende Frau. Es ist diese überwundene Ungeschicklichkeit, die den Geschöpfen den seltsamen Charme verleiht, der das Überborden des Triumphes dämpft. All diese Wesen gehören zum Geheimbund des »Es ist zu schön (um wahr zu sein)«. Sie haben die verwirrende Macht Marlene Dietrichs, die Macht der Maske der Hyperfeminität: Als wären sie einst unsicher gewesen, geziemende, angepasste »Frauen« zu sein, auf weiblich programmierte Frauen zu Diensten des Phallus, und legten heute nach. Sie verspotten das Begehren, das sie wecken, wie es die Diven tun, diese großen rätselhaften Mezzo-Soprane, deren hermaphroditische Stimmen in Tancredis Rüstungen und dem Goldglanz der Opernkostüme wohnen. – Wer sind ich? fragen sie uns, diese Göttlichen Komödiantinnen, die über die Decken der Installationen oder die langen Wandfriese der Metrostation 66 huschen. Bald sind sie in die

Goldfalten eines Mosaik-Capes gehüllt. Bald hingerissen in einer prächtigen Zirkusnummer im Theater der Feminität wie in dem scherzhaft *Première* genannten Meisterwerk. In *Première* findet man den Clown-Geist der *Homage* wieder. 1993 wie 1958 macht der kleine Quecksilberdämon der bisexuellen Zwillingschaft seine Späßchen. *Première* ist der vergnügte Fall einer ins Bild übertragenen Homonymie. Es ist eine fantasmatische Maschine. Eine Frau ist auch eine andere Frau. Eine Frau ist mehr als eine Frau und auch ein bisschen Macker. *Première* ist ein Titel, es ist der Eigenname einer Installation, die auf den Wänden eines Wiener Theaters herumtollt. Es ist der Name der ersten Aufführung eines Schauspiels. Es ist ein französisches Wort im Englischen. Es ist die Bezeichnung der Person am Anfang einer Aufzählung, am Kopf. Wer könnte hier behaupten, die Erste zu sein? *Première* ist immer dabei, die Ereignisse wieder am Schopf zu packen. *Première* tanzt aus der Chronologie heraus. Die Letzte ist auch die Erste. *Première* ist immer zuerst, welchen Platz sie auch in der Syntax haben mag, die in alle Sinnrichtungen flattert. Jede Frau kommt von einer anderen Frau. Jede Frau ist die erste ihrer Art. Es ist eine feenhafte Version von Ei-und-Henne. Eine jede läuft vor, überholt, ruft zurück, bringt wieder in Schwung, folgt einer jeden. Eine Frau ist ein ganzes Ensemble von Frauen. Jedes Mal einzigartig und jedes Mal dieselbe, die mit einem Unterschied zurückkehrt. Mit dem Unterschied eines Heute. *Première* ist eine Nummer mit fliegenden Jongleusen. Eine genealogische Manege. Die Frau*en*, immer mehr als eine, schwingt sich tanzend von einer Inkarnation zur anderen. *Première* ist der Nachmittag einer Faunin. *Avatar dance.* Eine Tänzerin ist als urtümliche Silhouette ausgeschnitten gen Osten geschwungen und taucht im selben Augenblick als ägyptische Sirene auf, dieselben Arme hebend, die sich im provokanten Aufflug einer Mistinguett in langen schwarzen Handschuhen öffnen. Diese Nummer wird ohne Boden ausgeführt, in der Vorstellung der Träumerin, die zu dieser Gelegenheit das Aussehen von Yvette Guilbert angenommen hat, zumindest das, was von der einst von Toulouse-Lautrec verewigten Figur bleibt. Die Music-Hall Spero ist die Fantasie-Version des Theaters der Grausamkeit, von mallarméscher Belesenheit allerdings. Alles geschieht wie in Onirien oder, wie Shakespeare sagen würde, in Illyrien. Mit den Effekten von Wahrheit, die der Traum befehligt. Diese Züge musizierender Engel, diese Paraden von Vulva-Girls, diese Banden prometheischer Bacchantinnen, diese Feuerdiebinnen, diese tolldreisten Mischungen aus Odysseus und Sirene, die überaus flink einen Comicstrip entlangflitzen, mit einem Penis unter dem Arm, den sie irgendeinem schlafenden Einäugigen Phallokraten geklaut haben. All diese Gestalten illustrieren, – entgegen allen Klischees des Jahrhunderts, die das Bild-der-Frau-als-Passivität etc. etc. etc. verkaufen – das Lebensvermögen, die Lebenstugend jener, die stets als Erste Lacht und Läuft, unter allen Umständen. Sie läuft niemandem hinterher, sie ist der Lauf selbst. Was tut sie? *She Soars.* Statt *Sort*, dem Los der Wunde, *Sore*, setzt sie *Essor*, den Schwung, den Aufflug, der sie ist. Die Erste ist Polyglott. Schließt eine Sprache sie ein, läuft sie durch die andere hinaus. Sie spielt mit den Füßen, den Händen, mit der Kondensierung, Substitution, Verbreitung, Ersetzung. Sie ist immerzu im *Zitat*. Sie ist wie das Zitat Dantes, das Mandelstam zitiert. *Das Sperozitat* ist keine Anleihe, ist keine Repatriierung der-Repräsentationen-der-Frau, erhebt keinen Eigentumsanspruch. Es ist eine Zikade. Eine Heuschrecke. Eine Hoffnung. An die Luft geklammert, lässt sie nicht mehr los. Sie klettert in nicht zu bändigenden Aufstiegen, rezitiert, reizt auf, erweckt wieder auf, wieder und immer wieder!

Und durch das Zitieren, das Überaufreizen *wird sie die Cielle wiederauferweckt haben*, wo sich fortan ihre Völker mehren. Die Cielle, ja sie.

Unter der *Ceiling*, wie ein zarter Schild, wie

eine Seide für ihre Revolutionen aufgespannt, sehe ich mit eiligen Schritten das bewegendste, geheimste, das dissidenteste der Selbstporträts der Künstlerin vorüberflitzen: Es handelt sich um diese »Alte« »Vietnamesin«, erschütternd vor Wahrheit, die die Geschwindigkeit und Kürze des Lebens vervielfacht. Die Vietnamesin ist ihre geistige Doppelgängerin. Die Vietnamesin ist eine alte Frau und eine immer junge Frau. Ist die Seele Vietnams. Ist die ewige junge Alte Frau. Ist das Prinzip der Lebendigkeit. Im Traum sieht Spero sich wieselflink laufen, sie ist jungalt, vietnamerikanisch, sie raucht, sie beschleunigt, die Brauen gerunzelt, sie läuft, springt vor. Porträt des Vorsprungs. Ein Vorsprung vor dem Leben oder vor dem Tod? Sie geht. Altjunge Zikade, die zirpt: Sp, Sp, Sp, spira, spera, atme, hoffe …

Nachwort von Joana Masò und Marta Segarra: **Hélène Cixous, in der Kunst wie im Traum**

»Es gibt im Leben meines Blicks zwei oder drei Gemälde auf der Welt, die mich leiten. Es gibt *Der geschlachtete Ochse*, Rembrandts rohestes Selbstporträt, es gibt den halb begrabenen oder ausgegrabenen *Hund*, Goyas Selbstporträt in Gelb. Es gibt *Écriture rose* – ›Rosa Schrift‹, das Selbstporträt von Simon Hantaï.«[58]

Die Kunst nahm in Hélène Cixous' literarischem Werk schon immer einen zentralen Platz ein, und zwar zunächst in Gestalt einiger Bilder, die sich als »poetische Ihresgleichen«, als Geschwister ihres literarischen Werks vorstellten. Diese Bilder – *Der geschlachtete Ochse, Bathseba im Bade*, und *Die jüdische Braut* von Rembrandt, *Der Hund* von Goya oder die *36 Ansichten des Berges Fuji* von Hokusai, Monets *Die Kathedrale von Rouen*, Picassos *Studie zur Büglerin …* – treten als Erstes über ihre Kommentierung in den Fiktionen von Cixous auf, die seit den Siebzigerjahren zugleich über Malerei und Literatur nachdenken.

In den Achtziger- und Neunzigerjahren dann widmet Cixous der Malerei und den Künsten allgemein ganze Texte – »Das letzte Bild oder das Porträt Gottes« (1986), das in *Entre l'écriture* wieder aufgenommen wurde, aber auch ihre Texte über Rembrandt (1990 und 1991), über Karine Saportas Choreografien (1990) und Sonia Rykiels Kreationen (1985). Erst seit den 2000er-Jahren jedoch schreibt die Schriftstellerin zunehmend Texte in Zusammenarbeit mit Künstlern oder in Komplizenschaft mit dem Werk verschiedener zeitgenössischer Künstler, namentlich mit der Malerei von Simon Hantaï (*Le tablier de Simon Hantaï*, 2005) und Nancy Spero (2008), sowie den Fotografien und Installationen von Roni Horn (2004 und 2008) und Maria Chevska (2005), dem Kino von Ruth Beckermann (2006) und dem bildnerischen Werk von Jeffrey Gibson. Ein Zusammenhang von Texten, die in Katalogen, vergriffenen Zeitschriften oder seltenen Künstlerbüchern erschienen sind – und die wir hier versammeln.

Auch wenn diese Schriften die Frucht persönlicher Begegnungen sind oder in manchen Fällen auf präzise Aufträge antworten, erforscht Hélène Cixous darin beharrlich die starke, facettenreiche Nähe zwischen pikturaler und literarischer Schrift. Zu Rembrandt schreibt sie: »Schreiben-oder-zeichnen sind oft Zwillingsabenteuer.«[59] Und genauso lässt sie in einem Text zum Werk von Roni Horn den berühmten Vers von Baudelaire widerhallen – »meinesgleichen, mein Bruder«[60]. Aus eben dieser Perspektive spricht die Schriftstellerin auch von der »uneingestehbaren sonderbaren Verwandtschaft«[61], die ihr Werk mit dem von Rembrandt verbindet; und *Der Hund* von Goya geistert durch mehrere ihrer Texte, die an Kindheitsszenen geknüpft sind. Von Uccellos *Heiligem Georg*, der *Les Commencements* (1970) heimsucht, und Grecos *Begräbnis des Grafen von Orgaz* im *Troisième corps* (1970) bis zum *Berg Sainte-Victoire* von Cézanne im *Tablier de Simon Hantaï* (2005) über Fips den Hund in »Stigmata« (2001), erweist sich die Arbeit über die Figur in der Malerei als eine der großen Linien in Cixous' literarischem Universum.

Gleichwohl bewahren die Fiktionen von Hélène Cixous die bildliche Tragweite der Figur in der Kunst nur insofern, als sie die Ambivalenz, das Zwischen des Übergangs wiedergibt: etwa wenn in Rembrandts Zeichnung *Die Enthauptung Johannes des Täufers* die Enthauptung im Körper des Henkers selbst explodiert; die Ambivalenz von Goyas »halb begrabenem oder ausgegrabenem Hund«[62] oder Karin Saportas Tanz, der »nicht aufhört zu sterben und zu kämpfen, zu fallen und wieder aufzustehen«.[63] Den Frauen von Nancy Spero kommt hier ein ganz besonderer Platz zu, denn sie geben all jenen eine Figur, »die sich zur Seite gedrängt, halb eingegraben oder nicht ausgegraben finden; man kann eine Menge Minderheiten anführen, und neben den Minderheiten eine riesige Mehrheit, die Mehrheit Frau«.[64]

Bei Cixous stellen diese Figuren nicht nur dar, sie entstellen auch. Denn mit ihnen *stellt* die Schriftstellerin nicht nur den Übergang, den Bruch und das Sterbende *dar*, sondern den unerwarteten Hieb der Zeichnungen Rembrandts und das erwartete Ereignis in Roni Horns *Cabinet of*. Und was soll man in jenen »Dingen« lesen, mit denen Maria Chevska ihre Installationen bevölkert, wenn nicht einen Blick wie den von Cixous, einen Blick auf der Suche nach einem Diesseits der Form? Dieses Diesseits der Form vernehmen wir durch all ihre Texte hindurch. Es trägt verschiedene Namen: das »Im-Zuge-sein«, das »Noch-nicht« oder die ungreifbaren Umrisse der Zeichnung bei Rembrandt, »eine noch aufgewühlte, instabile, unentschiedene« Zeit, dieser Raum »vor« den geraden Formen, den Roni Horn in *Rings of Lispector* sucht. Gewiss, all das »hat noch keinen Namen«[65], sondern unter diesem Wort »vor« liefert uns Cixous, so scheint es, das Verschmelzen von – literarischer, künstlerischer – Schrift und Traum: »Dieses ›vor‹ hat zweifellos nie anders *existiert* als im Traum. Im

Traum oder in der Kunst.«[66] Hier sind die Kunst oder der Traum vielleicht in der Lage, dieses »Es« aufzunehmen, das durch *Le Tablier de Simon Hantaï* geistert, und auch jene »undefinierbaren vielgestaltigen und doch vertrauten Geschöpfe, die die Grenzen der Gattungen und Arten transzendieren«[67], die Jeffrey Gibson schafft.

Wir wissen, dass Hélène Cixous die Malerei hier der Fotografie vorzieht. Im Französischen »nimmt« man ein Foto, und so nimmt die Fotografie, was Malerei und Schrift und Traum nicht zu nehmen wüssten: »Die Fotografie, habe ich immer gedacht, ist der Feind, und zwar genau meiner, der Gegner, man kann nicht Fotos machen/nehmen und schreiben, sage ich mir.« Wenngleich Cixous explizit eine fotografische Kunst entwirft, die die Ent-Nahme und die Enteignung der Schrift teilen würde, kommt die Fotografie für sie zunächst aus einer »Jagdleidenschaft«: Diese macht das Subjekt selbst zum Gefangenen seines Begehrens, zu nehmen – »die Figur zu absorbieren«[68]. Das unterscheidet sie von der Geste der Malerei, die für die Schriftstellerin schon früh eine Geste gewesen ist, die die Andersheit achtet.

Unter den zahlreichen Figuren, die über den Umweg des Anderen die Form dekonstruieren, bildet das Selbstbildnis in der Malerei eines der großen Motive in Cixous' Annäherungen an die Künste und die Schrift. In dem Blick, den Cixous auf die berühmten Bilder der Kunstgeschichte wirft, scheint das Selbstbildnis stets etwas anderes zu malen als sich, Tier oder Schrift: »Es gibt den *Geschlachteten Ochsen*, Rembrandts rohestes Selbstporträt, es gibt den halb begrabenen oder ausgegrabenen *Hund*, Goyas Selbstporträt in Gelb. Es gibt die *Écriture rose* – ›Rosa Schrift‹, Hantaïs Selbstporträt.«[69] Sich »selbst« zu porträtieren läuft also darauf hinaus, »jede traditionelle undurchdachte Annäherung an die Porträt genannte Sache zu dekonstruieren«[70], in der Kunst – im *Portrait of an Image* von Roni Horn – wie in der Literatur – in den *Essais* von Montaigne. Aber dieser, dieses Andere, mit dem sich Malerei und Schrift befassen, ist auch und zuerst dasjenige einer plastischen Form, die der Durchstreichung, der Korrektur, dem Prozess des Irrtums unterworfen ist. Es sind diese wuchernden Pentimenti, die bei Cixous im Innersten der gezeichneten Figur »das Recht auf Aufruhr« fordern. Cixous untersucht das Pentimento als eine offene Form der Gleichzeitigkeit, im Gérondif, das sich beim Korrigieren der Form bildet, in Rembrandts Zeichnungen genauso wie in Dostojewskis und Kafkas Heften.

Gewiss, bereits 1986 befragt Hélène Cixous in »Das letzte Bild oder das Porträt Gottes«, dem ersten Text, den sie in Gänze der Malerei widmete, die Passion des Malers und die des Schriftstellers, die Geste des Schreibens bei Clarice Lispector als Geste des Malens. *Agua Viva*, Lispectors Buch über die Malerei, wird zur Fähre für Cixous' Lektüre der Bilder von Monet, Rembrandt, Hokusai, Cézanne und van Gogh und zeichnet die Verknüpfung von Geschriebenem und Gemaltem gegen, die Cixous 2005 zum Werk von Simon Hantaï paradigmatisch formulieren wird. »Was ist die Malerei?« – fragt er – Was ist die Schrift? Diese Fragen sind nicht zu trennen, die Hälften stehen in Beziehung zueinander. Denn diese »beiden Hälften« kündigen sich beim Schriftsteller »als zwei ungleichzeitige Zwillinge an«, genau wie die *differierende* Wiederholung der Falten und Einfaltungen bei Hantaï. »Ich vertausche absichtlich die Semantik der Malkunst und der Schreibkunst«, schreibt Cixous in »Peintüren«.[71]

An beider Weise, sich an den Rändern aufzuhalten und mit dem Unfassbaren zu arbeiten, erkennt Cixous nicht nur im Schriftsteller, sondern auch im Maler eine marginale und dissidente Figur. Beide sind »Dichter«. Das ist das Wort, das in zahlreichen Schriften von Cixous wiederkehrt und versucht, den Künstler zu benennen. Und so wird neben Bachmann, Artaud, Rimbaud, Dante, Mandelstam auch Spero bei

Cixous »zur Dichterin in der Malerei ... mit der zerfetzten Seele der Dichter«: »Nancy Spero gehört zur Gattung der Dichter.« Und in eben diesem Sinne müsste man vielleicht die Zitate aus Gedichten von Zwetajewa lesen, die in dem Text wiederkehren, den Cixous den Choreografien von Karine Saporta widmet. Denn aus der »zerfetzten Seele der Dichter« und aus diesem Vers von Zwetajewa, den sie zitiert – »Die Seele ist zuletzt nur unsere Fähigkeit zu leiden« – entspringen für Cixous Schrift und Kunst.

Wenn ihre Schriften zur Kunst diese literarischen Referenzen mit dem Leiden des getanzten Gedichts und dem »Korn des Schmerzes« verweben, so liefert Hélène Cixous uns damit den Kern ihres ästhetischen Vorgehens: Die Wunde, »der Schnitt, der Einschnitt ist der lebendige Teil jedes schöpferischen Zustandes«[72], notiert sie zu Roni Horn. Es ist bekannt, wie tief die Fiktionen von Cixous aus einer gewissen Kindheit der Verwundung schöpfen, aus einer alten Emotion, die wir hier intakt im »inneren Orient«[73] der bestirnten Jacken von Sonia Rykiel finden und anders in der Figur von Picassos *Büglerin*, die uns »eine Freude bereitet, die wie eine Wunde ist«.[74] Doch sind es vielleicht die ergreifenden Bilder von Nancy Spero, die den Nadelstich in den Seelengrund am stärksten herausschreien. Die »speroischen« Frauen schreien bei Cixous –

den Krieg, die Lager, den Phallozentrismus –, wie es bereits diese anderen wiederkehrenden alten Frauen getan hatten, die Erinnyen aus *La Ville parjure* – »Die meineidige Stadt« –, die 1994 nach einem Desaster der Justiz mitten in der Demokratie wiedererwachten. All diese Figuren von »Frau« schreien in der Kunst wie in der Literatur, vielleicht weil sie mit dem Traum vertraut sind, weil sie »aus solchem Stoff wie der zu Träumen« sind, »*Such stuff as dreams are made of*…«.[75]

Wir danken vielmals den Künstlern und Galerien, die uns die Rechte zur Reproduktion ihrer Werke gewährt haben: Ruth Beckermann, Maria Chevska, Jeffrey Gibson, Roni Horn, Karine Saporta und Nancy Spero, sowie die Galerien Lelong und Hauser & Wirth.[76] Und wir danken insbesondere Hélène Cixous für ihre Großzügigkeit.

[Die Übersetzerin und der Herausgeber der deutschen Ausgabe schließen sich diesem Dank an und fügen ihm den an Marta Segarra hinzu, die für diese in zwei Bänden erscheinende deutsche Ausgabe freundlicherweise Texte und Materialien zur Verfügung gestellt hat. Die Texte zu bereits erwähnten Künstler*innen, die in diesem ersten Band noch nicht vorkommen, werden im zweiten Band erscheinen.]

Anmerkungen

N. B. In den Originaltexten von Hélène Cixous gibt es wenig Literaturnachweise. Einige bibliografische Angaben wurden vom Verlag und von der Übersetzerin hinzugefügt.

1 Die Bemerkungen dieser Einleitung sind (von der Autorin noch einmal durchgesehene) Bruchstücke aus dem Gespräch, das Hélène Cixous mit Joana Masó, Eric Prenowitz und Marta Segarra am 30. Mai 2009 im Rahmen ihres Seminars in der Maison Heinrich Heine in Paris führte.
2 Hélène Cixous, »Speros Dissidente Tänze«, in diesem Band S. 177.
3 Vgl. Hélène Cixous, Jacques Derrida, *Schleier und Segel*, dt. v. Markus Sedlaczek, Wien 2007.
4 Vgl. Hélène Cixous, *Le Tablier de Simon Hantaï*, Paris Galilee 2005.
5 Hélène Cixous, *Les rêveries de la femme sauvage*, Paris 2000.
6 Das französische *repentir* bedeutet sowohl Pentimento (die Spur von Korrekturen in Zeichnungen) als auch Reue. [A. d. Ü.]
7 Hélène Cixous, »Partie«, Paris 1976; in: dies., *Illa*, Paris 1980.
8 »Das Massaker an allem, was ›Frau‹ ist auf dem Boden der Welt, Frau die Dichter, Frau die Revolutionäre, Frau die Träumer, Frau das vietnamesische Volk (...) Frau die Juden, Frau diese Depor-

tierten …«, in: »Speros Dissidente Tänze«, in diesem Band S. 178.

9 Der Name der französischen Frauenbewegung »*mouvement de libération des femmes*« (MLF) bedeutet »Frauenbefreiungsbewegung«. [A. d. Ü.]

10 Leider starb Nancy Spero wenige Monate nach diesem Seminar am 18. Oktober 2009.

11 Bei Wörtern, die im französischen Original unüblicherweise mit Majuskel geschrieben sind, ist der erste Buchstabe unterstrichen. [A. d. Ü.]

12 Vgl. Michel Montaigne: *Du repentir*, Paris 2001.

13 Vincent van Gogh, Brief an den Bruder Theo vom 12. oder 13.06.1888, vgl. »Brief Nr. 497«, in: *Sämtliche Briefe*, dt. v. Eva Schumann, hrsg. v. Fritz Erpel, Zürich 1965. [Übersetzung angepasst, A. d. Ü.]

14 Vincent van Gogh, Brief an Theo vom 10.10.1885, vgl. »Brief Nr. 426«, in: *Sämtliche Briefe*, a .a. O. [Übersetzung angepasst, A. d. Ü.]

15 Horst Gerson, *Rembrandt-Gemälde*, Wiesbaden 1975.

16 Vgl. Claude Monet, Brief an G. Geoffroy vom 07.10.1890, »Brief Nr. 1076«, in: Daniel Wildenstein, *Claude Monet, biographie et catalogue raisonné*, 3 Bde., Paris 1974–79, hier Bd. III.

17 Clarice Lispector, *Aqua Viva. Ein Zwiegespräch*, dt. v. Sarita Brandt, Frankfurt a. M. 1994, S. 7.

18 Ebd., S. 7 f. [Die Übersetzung wurde aus Kontextgründen leicht verändert, A. d. Ü.]

19 Vgl. ebd., S. 8.

20 Vgl. Claude Monet, Brief an Alice Hoschedé, »Brief Nr. 730«, in: Wildenstein, a. a. O., Bd. II.

21 Vincent van Gogh, Brief an den Bruder Theo, vgl. »Brief Nr. 339«, in: *Sämtliche Briefe*, a .a. O., Bd. III, S. 77. [Übersetzung angepasst, A. d. Ü.]

22 Vgl. Claude Monet, Brief an Alice Hoschedé, »Brief Nr. 730«, in: Wildenstein, a. a. O., Bd. II.

23 Aus dem Tagebuch von Julie Manet, vgl. *Monet at the Time of Giverny*, hrsg. v. Jacqueline und Maurice Guillaud, Paris 1983, S. 36.

24 Vincent van Gogh, in: *Sämtliche Briefe*, a. a. O., Bd. IV.

25 Ebd., S. 73.

26 Ebd., S. 77.

27 Ebd., S. 80.

28 Paul Cézanne, vgl. Joachim Gasquet, *Cezanne*, Paris 1921, S. 206.

29 Vgl. Clarice Lispector, »Soviel Sanftmut«, in: dies., *Wo warst du in der Nacht. Erzählungen*, dt. v. Sarita Brandt, Frankfurt a. M. 1996, S. 107 f.

30 Vgl. *Le fou de peinture. Hokusai et son temps*, Ausstellungskatalog, Centre Culturel du Marais, Paris CRES 1980, S. 217.

31 Arnold Houbraken, *Grosse Schouburgh der niederländischen Maler und Malerinnen*, dt. v. Dr. Alfred von Wurzbach, Osnabrück (Zeller) 1970 (1880), Bd. I, S. 116 f.

32 Vgl. Claude Monet, Brief an Alice Hoschedé, »Brief Nr. 398«, in: Wildenstein, a. a. O., Bd. II; Hervorhebung von Hélène Cixous.

33 Vincent van Gogh, in: *Sämtliche Briefe*, a. a. O. Band IV, S. 295 f.

34 Monet, zitiert nach: Gustave Geoffroy, *Monet, sa vie, son oeuvre*, Macula 1980 (1922), S. 8.

35 Vgl. Wassily Kandinsky, *Regards sur la pensée*, Paris 1974 (1912).

36 Oskar Kokoschka in einem Interview des Westdeutschen Fernsehens, zitiert bei Horst Gerson, *Rembrandt Gemälde Gesamtwerk*, Gütersloh 1969, S. 478.

37 Aus den unveröffentlichten Notizbüchern von Clarice Lispector, zitiert in Olga Borelli, *Esboco para un possivel retrato*, Rio de Janeiro 1981, S. 77.

38 Ebd.

39 Vgl. *Le fou de peinture*, a. a. O., S. 376.

40 Clarice Lispector, in: Borelli, a. a. O., S. 21.

41 Claude Monet, Brief an Alice Hoschedé, »Brief 436«, in: Wildenstein, a. a. O., Bd. II.

42 Vgl. *Le fou de peinture*, a. a. O., S. 361.

43 Mit einem Asterisken versehene Wörter sind im Original deutsch und kursiv. [A. d. Ü.]

44 Vgl. Jean Genet, *Rembrandt – ein Fragment*, dt. v. Katharina E. Meyer und Marc Bastet, Gifkendorf 1996.

45 Vgl. Jacques Derrida, *Artaud le Moma*, Paris 2002, S. 22.

46 Jean Genet, *Rembrandt*, a. a. O., S. 68.

47 Ebd., S. 69.

48 Ebd., S. 44.

49 Ebd., S. 45.

50 Ebd., S. 49.

51 Let us reread *Five Psychoanalyses* and the case of the Wolf Man.

52 Ich entleihe diesen Signifikanten, der dem Wort *Herbarium* nachgebildet ist, dem Text von Nicolas Abraham und Maria Torok, *Kryptonymie – Das Verbarium des Wolfsmanns* (dt. v. Werner Hamacher, Schupfart 1996).

53 Ein zweiter Name der Surikate im Französischen ist »Sentinelles du Désert«, Wüstenwächter. »Sentinelle« ist auch das französische Wort, das weiter oben mit »Wachwürste« übersetzt wurde. [A. d. Ü.]

54 James Joyce, *Finnegans Wake*, London 1939, S. 179.

55 James Joyce, *Finnegans Wake*, a. a. O., S. 179.
56 Eine *litière* ist sowohl eine Sänfte als auch die Einstreu in einem Stall. *Faire litière* heißt, etwas ausbreiten, etwa sein Wissen, seine Gedanken etc. In der Seidenraupenzucht ist die *litière* eine Mischung aus den Exkrementen der Seidenraupen und Maulbeerbaumblättern. [A. d. Ü.]
57 Ebd.
58 Vgl. Hélène Cixous, *Le Tablier de Simon Hantaï*, a. a. O.
59 Hélène Cixous, »Ohne Halt«, in diesem Band S. 34.
60 Charles Baudelaire, *Blumen des Bösen*, Frankfurt am Main 1962, S. 9.
61 Vgl. Hélène Cixous, *Jours de l'an*, Paris 1990, S. 100.
62 Vgl. Hélène Cixous, *Le Tablier de Simon Hantaï*, a. a. O.
63 Vgl. Hélène Cixous, »L'arrêt du train ou résurrections d'Anna« [in Bd. 2 dieser Ausgabe].
64 Ebd.
65 Hélène Cixous, *Bathseba oder die Innere Bibel*, in dieser Ausgabe S. 56
66 Hélène Cixous, »Das nie Gesehene sichtbar machen«, [in Bd. 2 dieser Ausgabe].
67 Hélène Cixous, »Erben/Erfinden mit Jeffrey Gibson«, [in Bd. 2 dieser Ausgabe].
68 Vgl. Hélène Cixous, *Si près*, Paris 2007, S. 10 f.
69 Vgl. Hélène Cixous, *Le Tablier de Simon Hantaï*, a. a. O.
70 Hélène Cixous, »Portrait von Portraits« [in Bd. 2 dieser Ausgabe].
71 Hélène Cixous, »Peintüren«, in diesem Band S. 5.
72 Vgl. Hélène Cixous: »Das nie Gesehene sichtbar machen«, a. a. O.
73 Vgl. Hélène Cixous, »Sonia Rykiel in Übersetzung«

[in Bd. 2 dieser Ausgabe], in: dies., *Peinetures*, a. a. O.

74 Hélène Cixous, »Ohne Halt«, in dieser Ausgabe S. 34

75 William Shakespeare, *Der Sturm*, zitiert von Hélène Cixous in *La Ville parjure ou le réveil des Erinyes*, Théâtre du Soleil, Paris 1994, S. 60.

76 Die Abbildungen in der französischen und der vorliegenden Ausgabe sind nicht identisch, dennoch geben wir die Danksagung ungekürzt wieder. Sie verweist zugleich auf den geplanten zweiten Band der Texte zur Kunst, in dem weitere Abbildungen zu finden sein werden. [A. d. Ü.]

Inhalt

Ermöglicht durch die Liebelt-Stiftung, Hamburg

LIEBELT
STIFTUNG
HAMBURG

Die vorliegenden Übersetzungen orientieren sich an folgenden Originalausgaben:

Peintüren: Hélène Cixous, »Peinetures«, in: dies., *Peinetures: Écrits sur l'art*, Paris 2010, S. 13–32.

Ohne Halt: Hélène Cixous, »Sans Arrêt«, in: *Repentirs*, hrsg. v. Réunion des musées nationaux, Paris 1991, S. 55-64.

Bathseba oder die Innere Bibel: Hélène Cixous, »Bethsabee ou la Bible interieure«; die Übersetzung basiert auf einem Typoskript der ungekürzten Originalversion. Mit Dank an Marguerite Sandré.

Das letzte Bild oder das Porträt Gottes: Hélène Cixous, »Le dernier tableau ou le portrait de Dieu«, in: dies., *Entre l'écriture*, Paris 1986.

Kein Geschenk: Hélène Cixous, »Pas de cadeau. Serrano fècétieux«, in: *La règle du jeu n°43*, 05.05.2010.

Speros Dissidente Tänze: Hélène Cixous, »Dissidanses de Spero«, Museu d'Art Contemporani de Barcelona, 2008.

Hélène Cixous, in der Kunst wie im Traum: Marta Segarra, Joana Masó, »Hélène Cixous, en art comme en rêve«, in: *Peinetures*, S. 5–12.

Erste Auflage Berlin 2018

Satz: psb, Berlin
Druck und Bindung: Art Druk, Szczecin
Umschlaggestaltung nach einer Idee
von Pierre Faucheux
ISBN 978-3-95757-555-5
www.matthes-seitz-berlin.de